Reclam Literaturunterricht

Sachanalysen. Stundenverläufe. Arbeitsblätter

Sophokles
Antigone

Von Katharina Evelin Perschak und Markus Pissarek

Reclam

Abkürzungen und Symbole

EA Einzelarbeit
PA Partnerarbeit
GA Gruppenarbeit
UG Unterrichtsgespräch
LV Lehrervortrag

* Kennzeichnung eines zusätzlichen Arbeitsauftrags auf erhöhtem Niveau (für Binnendifferenzierung)
HA Hausaufgabe

Verweis auf die zugehörige Ausgabe:
Sophokles: Antigone. Tragödie. Übersetzung von Kurt Steinmann. Hrsg. von Mario Leis und Nancy Hönsch. Stuttgart: Reclam, 2021 [u. ö.]. (Reclam XL. Text und Kontext. 16106.)
Stellenangaben mit Seiten- (und Zeilen)zähler beziehen sich auf diese Ausgabe.

Code für editierbare Arbeitsblätter und Vorlagen

Alle für den Unterricht benötigten *Arbeitsblätter* und *Vorlagen* (Bilder und Texte) sind digital auf der Webseite **www.reclam.de/lehrer_antigone** zum Download verfügbar. Bitte geben Sie folgenden Code ein:

bBtNxbmk

Reihenkonzept: Max Kämper

Reclam Literaturunterricht | Nr. 15807
2020 Philipp Reclam jun. Verlag GmbH,
Siemensstraße 32, 71254 Ditzingen
info@reclam.de
Druck und Bindung: Elanders Waiblingen GmbH,
Anton-Schmidt-Straße 15, 71332 Waiblingen
Printed in Germany 2025
RECLAM ist eine eingetragene Marke
der Philipp Reclam jun. GmbH & Co. KG, Stuttgart
ISBN 978-3-15-015807-4
reclam.de

Inhalt

Vorbemerkung

Antigone, Tochter des Ödipus, bestattet symbolisch ihren Bruder Polyneikes, der die Stadt Theben angegriffen hat, um seinen Herrschaftsanspruch durchzusetzen. Im Zweikampf erschlagen sich die Brüder Polyneikes und Eteokles, Letzterer wollte den Thron nicht, wie vereinbart, nach einem Jahr der Herrschaft abtreten. Doch während Eteokles als Verteidiger Thebens von seinem Onkel Kreon, an den nunmehr die Herrschaft fällt, ein Staatsbegräbnis erhält, verbietet Kreon, Polyneikes zu bestatten. Antigone widersetzt sich also dem Erlass ihres Onkels, König Kreon, in vollem Bewusstsein, dass sie dafür der Tod erwartet. Aus dieser Situation entspinnt sich die Tragödie des Sophokles, die wohl zu den gelungensten und am häufigsten rezipierten antiken Dramen zählt. Sie ist längst in den Kanon der Weltliteratur eingegangen.

Antigone wurde wohl um das Jahr 442 vor Christus uraufgeführt und wirft noch über 2500 Jahre später Fragen auf, die nichts an Aktualität verloren haben: Was ist Courage? Wie weit soll man gehen, um Gerechtigkeit zu erwirken? Wie kann man Widerstand leisten, wenn sich ein Staat gegen seine Bürgerinnen und Bürger wendet? Dies macht die Tragödie für den Unterricht spannend. Zudem kann an ihr erkundet werden, wie das griechische Drama bis heute nachwirkt. Der Bau von Spielfilmen etwa folgt einer Struktur, wie sie in *Antigone* besteht und von Aristoteles beschrieben wurde. Gleichzeitig sind uns viele Eigenschaften der griechischen Tragödie fremd, etwa die Chorlieder oder die kultische Aufführungssituation.

Benutzungshinweise

Der Band enthält neun aufeinander aufbauende Unterrichtsstunden und zwei Klausuraufgaben mit Lösungshinweisen.

Jeder Entwurf einer Unterrichtsstunde besteht aus zwei Teilen:
- **Sachanalyse** mit einem praxisorientierten, auf den Unterrichtsverlauf bezogenen Interpretationsangebot
- **Unterrichtsverlauf** mit (a) kurzem Überblick über Thema und Ziel, (b) den Unterrichtsschritten in tabellarischer Übersicht und (c) ausführlichen Erläuterungen zu den einzelnen Unterrichtsschritten

Jede Unterrichtsstunde bietet alle für den Unterricht benötigten Materialien:
- kopierfähige **Arbeitsblätter** (ggf. mit Lösungshinweisen im Anhang)
- **Vorlagen** (Bilder oder Texte)
- **Tafelbilder** (Vorschläge für die mediale Präsentation)

Die Unterrichtsstunden enthalten an allen geeigneten Stellen Hinweise für
- einen möglichen **verkürzten Verlauf** (als **fakultativ** gekennzeichnete Unterrichtsschritte)
- eine mögliche **Binnendifferenzierung** (die entsprechenden Arbeitsaufträge auf erhöhtem Niveau sind mit einem Asterisk * gekennzeichnet)

Textgrundlage ist die Ausgabe:

Sophokles: Antigone. Tragödie. Übersetzung von Kurt Steinmann. Hrsg. von Mario Leis und Nancy Hönsch. Stuttgart: Reclam, 2021 [u. ö.]. (Reclam XL. Text und Kontext. 16106.)

Hinweis: Die Reihe *Reclam Literaturunterricht* achtet auf gendergerechte Sprache. Aus Gründen der Lesbarkeit wird in seltenen Fällen davon abgewichen, immer sind aber alle Geschlechter gemeint.

1 Den Prologos durchdringen und den Ausgangspunkt des Konflikts begreifen

Sachanalyse

Der *Antigone*-Stoff – Aristoteles spricht in der *Poetik* in diesem Zusammenhang von Mythos – ist von allen drei klassischen griechischen Dramatikern, Aischylos, Sophokles und Euripides, überliefert, allerdings nur bei Sophokles in der vorliegenden Form. Aischylos' *Sieben gegen Theben* erzählt die Vorgeschichte der Antigone und Euripides' *Die Phönikierinnen* greift dieses Thema wieder auf. Die Geschichte der Antigone, die ihren Bruder Polyneikes bestattet und damit gegen geltendes Recht verstößt, ist nur von Sophokles überliefert. Aus Fragmenten wissen wir, dass auch Euripides eine *Antigone*-Tragödie verfasst hatte, die wohl glücklich endete. Dass ein Stoff von mehreren Dichtern behandelt und dabei variiert wurde, war keineswegs unüblich in der Antike: Das Publikum war normalerweise mit dem Stoff und den mythologischen Hintergründen vertraut. Jeder Dichter versuchte aber, der Geschichte einen neuen Aspekt abzugewinnen. Diesen Brückenschlag zwischen Bekanntem und Neuem zu schaffen und dem Publikum den nahtlosen Einstieg in das Geschehen zu ermöglichen, ist Zweck des Prologos (bzw. Prologs, griech., wörtlich ›Vor-Rede‹). Der Prologos dient also der räumlichen und zeitlichen Verortung der Geschehnisse und der einsetzenden Handlung, wie es bis heute Romane und Filme leisten. Der Prologos übernimmt die Funktion der Exposition (lat., ›Darlegung‹), aus der sich der folgende Konflikt entwickelt.[1]

Der Prologos stellt heutige Leserinnen und Leser, die noch nicht mit dem Mythos vertraut sind, vor gewisse Herausforderungen: Die Vorgeschichte muss erst rekonstruiert werden, um das folgende Drama im Kontext des Labdakiden-Fluchs verstehen zu können. Dies ist mit heutigen Lese- oder Sehgewohnheiten nicht mehr ohne weiteres zu vereinbaren. Daher ist es wichtig, Vorwissen zum Drama zu erwerben und anschließend den Prologos zu durchdringen, um in weiterer Folge die Intentionen der Figuren und damit den zentralen Konflikt zu verstehen.

Der Prologos (V. 1–99) umfasst einen Dialog der beiden Schwestern Antigone und Ismene. Sie treffen sich noch vor Morgengrauen vor der Stadtmauer Thebens. Antigone beklagt zu Beginn das gemeinsame Schicksal, das ihnen durch ihre Abstammung vom verfluchten Geschlecht der Labdakiden auferlegt ist. Dies ist das Herrschergeschlecht Thebens, die Geschichte der Antigone und ihrer Familie gehört daher zum sogenannten thebanischen Sagenkreis.

Die Labdakiden, Nachfahren des Labdakos, Großvater des Ödipus, stammen von Thebens Gründer Kadmos ab und sühnen eine Schuld, die Ödipus' leiblicher Vater Laios auf sich geladen hat: Labdakos verstarb, als sein Sohn Laios erst ein Jahr alt war. Laios' Vormund Lykos übernahm die Herrschaft über Theben, wurde aber von Amphion und Zethos, die Herrschaftsansprüche erhoben, getötet. Laios wurde zu Pelops in Sicherheit gebracht, missbrauchte jedoch dessen Gastfreundschaft, als er Pelops' Sohn Chrysippos begehrte und entführte. Aus diesem Grund wurden er und sein ganzes Geschlecht von Pelops verflucht.[2]

Es spricht Antigone zu ihrer Schwester, »gleichem Mutterleib entstammt« (V. 1) – diese Formulierung verweist auf die Gemeinsamkeiten der beiden; am Ende des Prologos jedoch werden sie getrennte Wege gehen. Antigone fragt Ismene, ob sie schon von dem Erlass des Heerführers gehört habe (V. 7–10), diese verneint. Bevor der Erlass bekanntgegeben wird, werden die Verse 11–17 zur weiteren Verortung der Handlung genutzt: Die Brüder der beiden, Eteokles und Polyneikes (die Namen werden in Vers 23 und 26 von Antigone genannt – daran ist gut zu erkennen, wie sorgsam Sophokles mit der allmählichen Enthüllung von Informationen im Text umgeht), bekämpften einander im Streit um den thebanischen Königsthron und töteten sich dabei im Zweikampf (Handlung der *Sieben gegen Theben* von Aischylos). Dass sich »seit vergangne[r] Nacht die Streitmacht der Argeier« (V. 15) zurückzog, lässt darauf schließen, dass dieses Ereignis am Tag vor Einsetzen des Prologos geschah. Somit ist die Handlung zeitlich verortet. Antigone berichtet, dass Eteokles ein Staatsbegräbnis zukommt, während es Kreon bei Todesstrafe untersagt hat, Polyneikes zu begraben. Antigone ist fest entschlossen, diesen Erlass zu missachten, und fragt Ismene, »[o]b du den Toten bergen willst im Bund mit meiner Hand« (V. 43). Ismene lehnt ab und versucht auch Antigone von dieser Tat abzuhalten; sie aber ist fest entschlossen. Am En-

1 Vgl. Michael Ott, »Exposition«, in: *Metzler Lexikon Literatur: Begriffe und Definitionen*, hrsg. von Dieter Burdorf, Christoph Fasbender, Burkhard Moennighoff, Stuttgart [3]2007, S. 222.

2 Vgl. Heinrich Wilhelm Stoll, »Laïos«, in: *Ausführliches Lexikon der griechischen und römischen Mythologie*, hrsg. von Wilhelm Heinrich Roscher, Band 2.2, Leipzig 1897, Sp. 1800–02.

de des Prologos treten die Schwestern getrennt und zerstritten ab.

Klassisch ist die Interpretation, dass die aufbegehrende Antigone das Gegenstück zu Ismene sei, vor deren Angepasstheit sie noch stärker wirken kann. Dennoch kann man auch Argumente dafür finden, dass Ismenes Handeln Berechtigung hat. Sie ist keine Idealistin um jeden Preis, aber sie liebt ihre Geschwister (V. 78 f.) und weiß, dass Antigone vor göttlichem Gesetz richtig handelt (V. 99). Der Prologos lässt den zentralen Konflikt der Tragödie bereits erahnen: Antigone will gegen geltendes Recht verstoßen, was die Handlung in Gang setzt. Für sie steht das göttliche Gesetz über dem menschlichen. Auch das Thema Widerstand gegen die Staatsgewalt wird hier bereits etabliert.

Unterrichtsverlauf

Überblick. Um die Lektüre der Tragödie *Antigone* vorab zu entlasten, soll Vorwissen der Schülerinnen und Schüler zum Drama aktiviert werden. Dies wird mit Hilfe eines Arbeitsblatts vertieft und auf das griechische Drama und die Gattung Tragödie spezifiziert. Die Erkenntnisse zur Gattung erleichtern den Einstieg ins gemeinsame Lesen des Prologos. Die Vorgeschichte von *Antigone* wird rekonstruiert und der komplexe Prologos zunehmend durchdrungen. Mit einem Lektüreprotokoll, dessen Bearbeitung abschließend begonnen wird, behalten die Schülerinnen und Schüler im gesamten Lektüreverlauf den Überblick über die Handlung des Dramas.

Phase	Thema	Sozialform	Kompetenzen und Lernziele	Materialien
Voraussetzungen: keine				
1.1	Die Gattung des Dramas	UG	• Vorwissen zum Drama als Gattung aktivieren	TAFELBILD 1 ➤ S. 7
1.2	Das antike griechische Drama als Spezialfall	EA / PA / UG	• Wissensmengen zum Drama erweitern und ergänzen • Die Besonderheiten des antiken Dramas erkennen	ARBEITSBLATT 1a ➤ S. 10 TAFELBILD 1 ➤ S. 7
1.3	Texteinstieg mittels Prologos	UG	• Einen antiken dramatischen Text vortragen oder rezitieren	VORLAGE 1 ➤ S. 8
1.4	Den Prologos gemeinsam erschließen	UG	• Komplexe Textstellen erschließen • Textverständnis entwickeln	VORLAGE 1 ➤ S. 8
1.5	Die Lektüre dokumentieren	UG / EA	• Den eigenen Leseprozess sinnvoll steuern und dokumentieren	ARBEITSBLATT 1b ➤ S. 11
HA	Lektüre des Parodos			ARBEITSBLATT 1b ➤ S. 11 *Antigone*, Reclam XL, S. 11–13

1.1 Die Gattung des Dramas

Unterrichtsschritt. In einem Unterrichtsgespräch soll das Vorwissen der Schülerinnen und Schüler zum Drama aktiviert und im Tafelbild visualisiert werden. Anhand der Leitfragen
1. Was ist ein Drama?,
2. Was bedeutet »Drama«?,
3. Welche Besonderheiten kennzeichnen Dramen?
kann TAFELBILD 1 begonnen werden.

Erläuterungen. Das Vorwissen soll vor allem aktiviert werden, um Grundbegriffe zu klären, die an der Tafel festgehalten werden. Eine tiefergehende Beschäftigung mit dem Drama ist noch nicht nötig, sondern geschieht im nächsten Unterrichtsschritt. UG

Im Tafelbild rot: Ergänzungen des Unterrichtsschritts 1.2. TAFELBILD 1 ➤ S. 7

TAFELBILD 1

Griechisches Drama

- Drama = griech., ›Handlung‹ – Darstellung des Geschehens ohne Vermittlung durch eine Erzählinstanz, Theater
- Tragödie – ernst | Komödie – heiter | Satyrspiel
- Entwicklung seit der Antike (Dithyramben) bis heute
- 5 Akte = Aufbau der klassischen Tragödie
- Mimesis – Nachahmung der Wirklichkeit (ohne historischen Anspruch)
- Aufführung im Wettstreit anlässlich der Dionysien in Athen
- Tetralogie: 3 Tragödien, ein Satyrspiel
- Mythologische Stoffe, dem Publikum bekannt, Ausgestaltung durch den Dichter
- Chor und Figuren trugen Masken

1.2 Das antike griechische Drama als Spezialfall

Unterrichtsschritt. Die Schülerinnen und Schüler lesen in Einzelarbeit ARBEITSBLATT 1a ***Das antike griechische Drama***, um vertieftes Wissen zum griechischen Drama zu erlangen, das in weiterer Folge die Lektüre entlasten wird. Sie beantworten stichwortartig die Aufgaben, auf deren Basis anschließend das TAFELBILD 1 um die rot markierten Begriffe ergänzt wird, um die Erkenntnisse aus dem Arbeitsblatt festzuhalten.

EA / PA / UG

ARBEITSBLATT 1a ➤ S. 10

TAFELBILD 1 ➤ S. 7

1.3 Texteinstieg mittels Prologos

Unterrichtsschritt. Die Schülerinnen und Schüler lesen mit dem Vorwissen der ersten beiden Unterrichtsschritte, aber ohne genauere Informationen über die Geschichte der Antigone den Prologos (*Antigone*, Reclam XL, V. 1–99) mit verteilten Rollen. Hierbei ist es wichtig, zwei Schülerinnen oder Schüler mit Fähigkeit zum rhythmischen Vortrag auszuwählen, die der Sprache Melodie verleihen können. Es empfiehlt sich auch, jemanden zu bitten, die Regieanweisungen (kursiv) zu verlesen. Die Lehrperson kann die ersten 6–10 Verse betont und in angemessenem Tempo rezitieren, um eine implizite Vorlage für den Vortrag zu liefern. VORLAGE 1 ***Begriffserklärungen*** wird gleichzeitig an die Wand projiziert, um den Schülerinnen und Schülern als Unterstützung zu dienen. Zusätzlich werden sie aufgefordert, unklare Stellen während der Rezitation zu markieren.

UG

VORLAGE 1 ➤ S. 8

1.4 Den Prologos gemeinsam erschließen

Unterrichtsschritt. Im Unterrichtsgespräch werden, weiterhin unter Nutzung von VORLAGE 1, Unklarheiten erhellt. Nach der syntaktisch-semantischen Analyse des Prologos folgt ein kurzes Unterrichtsgespräch anhand der beiden Leitfragen:

1. Wie begründet Antigone ihre Entscheidung, wie Ismene? Unterstreiche die jeweilige Textstelle und erläutere kurz.
2. Wie verhalten sich die Schwestern zu Beginn des Prologos zueinander – wie am Ende? Begründe und belege anhand des Textes.

UG

VORLAGE 1 ➤ S. 8

VORLAGE 1

Begriffserklärungen

Vers	Text	Erläuterung
vor 1	*Theben*	Stadt in Böotien (Landschaft in Mittelgriechenland), Sitz des Herrschergeschlechts der Labdakiden
2	Ödipus	Vater von Antigone, Ismene, Eteokles, Polyneikes, Sohn und Mann der Iokaste
3	Zeus	der oberste griechische Gott
4	Ate	Göttin der Verblendung und des Unglücks; »was Ate wirkt« ist im übertragenen Sinn das schicksalhafte Unglück
21	Kreon	Bruder der Iokaste, Schwager und Onkel des Ödipus
23	Eteokles	König von Theben
26	Polyneikes	stellte Anspruch auf den thebanischen Thron
49–52	Weh mir! Bedenke, Schwester … zerstach mit eigner Hand	gemeint ist die Vorgeschichte des Vaters Ödipus
53 f.	wie dann die Mutter und die Frau … nahm das Leben mit geflochtnem Strick	gemeint ist Iokaste, die Selbstmord beging, als sie erkannte, dass Ödipus ihr Sohn ist
65	die, die drunten sind	die Götter der Unterwelt, die Ismene verzeihen sollen, dass sie ihren Bruder aufgrund der Todesstrafe nicht begräbt
75	denen drunten	wiederum: den Göttern der Unterwelt und ihren Bewohnern (Vorfahren)
77	entehre das, was bei den Göttern hoch in Ehren steht!	Bestattung galt als göttliche Pflicht der Angehörigen, um den Verstorbenen den Übergang in die Unterwelt (Hades) zu ermöglichen

Erläuterungen. Manche Verständnisschwierigkeit wird wahrscheinlich durch den Stellenkommentar der Ausgabe Reclam XL zu klären sein, andere Schwierigkeiten entstehen durch syntaktische Eigenheiten und können an der Tafel gemeinsam geklärt werden. Die Schülerinnen und Schüler sollen im Gespräch über den Text die Versangabe nennen und bei Bedarf aus dem Text zitieren. Die Vorgeschichte wird in der nächsten Einheit genauer erläutert und soll hier nur insofern eine Rolle spielen, als sie für das Textverständnis unerlässlich ist.

Die Schülerinnen und Schüler sollen den Ausgangspunkt des Konflikts erkennen, der sich im Prologos bereits abzeichnet. Sie sollen auch erkennen, welch isolierte Position Antigone in diesem Drama einnimmt und dass ihre Schwester Ismene nicht mit ihr gemeinsam handeln möchte.

1.5 Die Lektüre dokumentieren

UG / EA

ARBEITSBLATT 1b
➤ S. 11
Lösungshinweise
➤ S. 89

Unterrichtsschritt mit Erläuterung. Die Erkenntnisse des Unterrichtsgesprächs werden in ARBEITSBLATT 1b ***Lektüreprotokoll zu Sophokles: »Antigone«*** eingetragen, das als Lektürehilfe vorgestellt wird. Die Schülerinnen und Schüler vervollständigen das Protokoll während der gesamten Lektüre, es dient danach als Grundlage weiterer Interpretationen (Lösungshinweise im Anhang). Es kann prinzipiell auch für andere Regeldramen adaptiert und angewendet werden.

Hausaufgabe

ARBEITSBLATT 1b
S. 11

Hausaufgabe ist die Lektüre des Parodos (*Antigone*, Reclam XL, S. 11–13) mit Notizen (ARBEITSBLATT 1b, Vorbereitung für Nachbesprechung). Wer möchte, kann auch schon weiterlesen und dabei das Lektüreprotokoll weiterführen.

ARBEITSBLATT 1a

Das antike griechische Drama

Das griechische Drama erscheint uns aus heutiger Sicht in mehrerlei Hinsicht seltsam: Am auffallendsten ist wohl der Chor. Seine Rolle erklärt sich aus der Entstehung des griechischen Dramas, denn die Vorläufer des Dramas waren wahrscheinlich Lieder, die sogenannten Dithyramben, die von Chören (und einem Chorführer) gesungen und getanzt wurden. Daraus entwickelte sich das Drama, insbesondere die Tragödie, indem Schauspieler zum Chor hinzugefügt wurden. Aufgeführt wurden die Dithyramben und die Dramen zu kultischen Ereignissen; die wichtigsten waren die sogenannten Dionysien in Athen. Die Dionysien selbst dauerten ungefähr eine Woche und waren Dionysos, dem Gott des Weins und des Rauschs, gewidmet. Bei den Dionysien wurde auch *Antigone* von Sophokles um das Jahr 440 vor Christus uraufgeführt und gewann den ersten Preis. Denn die Dionysien waren nicht nur gesellschaftliches und kultisches Ereignis mit Opferriten, Tänzen und Gesängen, sondern auch ein Dichterwettstreit, genannt Agon – der Begriff, der für jede Art von Kampf benutzt wurde. Dichter brachten dort eine Tetralogie zur Aufführung, also gleich vier Stücke, und von einer Jury wurde der Gewinner gekürt. Die Tetralogie bestand aus drei zusammengehörigen Tragödien, die eine ernste Stimmung hinterließen, und einem erheiternden Satyrspiel. Letzteres ist nicht mit der lustigen, heiteren Komödie gleichzusetzen, auch wenn sich im Laufe der Geschichte Satyrspiel und Komödie zunehmend verschränkten. Beim Satyrspiel besteht der Chor aus Satyrn (Naturgeister, halb Mensch, halb Ziege), die Komik entsteht aus ihrem ungebührlichen Verhalten gegenüber den Figuren, der Humor ist derb, ähnlich einer Burleske. Der Gewinner des Agons war wohl noch wochenlang Gesprächsthema in Athen, ebenso seine Texte. Da die Dichter davon ausgehen konnten, dass das Publikum Grundzüge des von ihnen bearbeiteten mythologischen bzw. heroischen Stoffes kannten, konnten sie einerseits mit zahlreichen Verkürzungen und Anspielungen arbeiten – was den Text für uns heute schwierig zu lesen macht –, andererseits ihrer Kreativität besonderen Lauf lassen, indem sie etwa unbekannte Figuren zu Protagonisten bzw. Protagonistinnen erhoben – wie es wohl bei der Antigone der Fall war – oder einem bekannten Stoff eine neue Wendung hinzufügten. Oft wurden Figuren, die durch wenige Eigenschaften gekennzeichnet waren, für eine Tragödie ausgebaut und komplex gestaltet. Überhaupt werden Figuren erst im Laufe der Entwicklung des Dramas zu Individuen. Sie können anfangs vor allem als Typen verstanden werden, als Repräsentanten einer Idee. Neben der mythologischen Grundlage war dem Publikum auch der Aufbau einer Tragödie vertraut. Ihre Bestandteile sind:

- Prologos: der Beginn der Tragödie, der die Situation örtlich und zeitlich verortet
- Parodos: das Einzugslied des Chores
- Epeisodion: schauspielerische Teile
- Stasimon: Standlieder des Chores (Epeisodion und Stasimon wechseln einander ab)
- Exodos: Auszugslied des Chores bzw. der Teil nach dem letzten Stasimon

Weil das Publikum mit der Struktur der Tragödie vertraut war, konnte es besonders auf die Machart achten und die behandelten Stoffe miteinander vergleichen. Für die Dichter war es also wichtig, einem Thema neue Aspekte abzugewinnen und andere Sichtweisen auf eine bekannte Geschichte zu eröffnen.

Arbeitsauftrag:
Lesen Sie den Text und markieren Sie bisher unbekannte Informationen. Welche dieser Informationen sind für die Lektüre von *Antigone* von besonderer Bedeutung? Tauschen Sie sich kurz mit einer Partnerin / einem Partner aus.

ARBEITSBLATT 1b

Lektüreprotokoll zu Sophokles: *Antigone*

Zeit:

Ort:

Handlung in einem Satz:

Abschnitt	Handlung in einem Satz	Konfliktparteien (Wer vertritt was?)		
Prologos (V. 1–99)	Antigone will ihren Bruder Polyneikes verbotenerweise bestatten, ihre Schwester Ismene weigert sich aber.	**Antigone** Bestattung des Bruders göttliches Recht Widerstand	**vs.**	**Ismene** Kreons Erlass menschliches Recht Angepasstheit
1. Epeisodion (V. 162–331)				
2. Epeisodion (V. 376–581)				
3. Epeisodion (V. 626–780)				
4. Epeisodion (V. 801–943)				
5. Epeisodion (V. 988–1114)				
Exodos (V. 1155–1353)				

2 Parodos: Den Mythos als Hintergrund des Dramas kennenlernen

Sachanalyse

Der Parodos (griech. eigentlich: die Parodos) ist das Einzugslied des Chores, benannt nach dem seitlichen Eingang zum Tanzplatz der Orchestra[1]. Der Parodos der *Antigone* erzählt die unmittelbare Vorgeschichte: Nach dem Tod des Ödipus sollten seine Söhne Eteokles und Polyneikes ab Volljährigkeit abwechselnd je ein Jahr über Theben herrschen. Nachdem das erste Jahr vorüber ist, will Eteokles den Thron aber nicht abgeben. Polyneikes versammelt daraufhin sechs Fürsten und zieht mit ihnen von Argos auf der Peloponnes aus gegen Theben (Handlung der Tragödie *Sieben gegen Theben* von Aischylos). Die Stadt hält stand, doch im Zweikampf töten sich Polyneikes und Eteokles gegenseitig. Daraufhin übernimmt Kreon wieder die Macht, wie er es schon nach dem Tod Laios' und der Abdankung Ödipus' getan hat (Sophokles, *König Ödipus*).

Der Chor besteht aus Bürgern der Stadt Theben (alte, weise Männer). Das Einzugslied des Chores rekapituliert die Ereignisse der Schlacht der Sieben gegen Theben: Mit dem Aufgang der Sonne soll der Sieg Thebens über die sieben angreifenden Heere gefeiert werden. Diese auch als »Sonnenlied« bekannte Passage steht im Kontrast zum Prologos, der noch im Dunkeln spielt. Theben ist »siebentorig[ ]« (V. 101), ein stehendes Beiwort für die antike Stadt (daher wurde es auch von sieben Heeren angegriffen und verteidigte seine sieben Tore durch sieben Heerführer). Dieses Epitheton ornans (›schmückendes Beiwort‹) wird formelhaft wiederholt. Wenn auch in den freieren Versen des Dramas nicht mehr unbedingt nötig, verweist es doch auf eine ältere stilistische und rhetorische Tradition: Epitheta ornantia waren vor allem in der (Homerischen) Epik gebräuchlich, um den Hexameter aufzufüllen. Zudem machte der mündliche Vortrag der Epik, bei dem spontan gedichtet wurde, Formelverse und Epitheta notwendig, sie boten für Sänger Denkpausen.

Chorlieder sind in Strophe und Antistrophe strukturiert, die metrisch gleich gebaut sind und im antiken Drama die Tanzrichtung des Chores vorgaben: Bei der Antistrophe folgte ein Richtungswechsel.[2]

In der ersten Strophe wird die Vertreibung des namentlich nicht genannten Adrastos, Schwiegervater des Polyneikes und König von Argos, gefeiert. Die Adlermetapher (das »Land [...] bedeckend mit schneeweißen Schwingen«, V. 113 f.) und martialische Ausführungen (»volle[ ] Rüstung«, »viele[ ] Waffen«, »rosshaarbuschige[ ] Helme«, V. 107–116) verdeutlichen die Bedrohlichkeit und gute Ausstattung des Heeres.

Detaillierter erzählt werden im Parodos zwei Begebnisse des Kampfes der *Sieben gegen Theben*: Dem »Adler« (V. 113) Adrastos gelang es nicht, das siebentorige Theben in Flammen zu setzen (V. 117–123, insbesondere: »eh noch / die Bekränzung der Türme / der Pechfackeln Feuer ergriff«). Das »Getöse des Ares« (V. 124) vertrieb ihn – dem Kriegsgott kommt also eine unterstützende Funktion in diesem Kampf zu, wie in der Mythologie oft die Götter in Kriegen Position beziehen und mitkämpfen (z. B. in der *Ilias* im Trojanischen Krieg). Dank seines göttlichen Pferdes Areion konnte Adrastos fliehen und wurde zum einzigen Überlebenden der *Sieben gegen Theben*. Der »entgegenkämpfende[ ] Drache[ ]« (V. 126) symbolisiert Theben, denn die Thebaner entstammen den Zähnen, die der Gründervater Kadmos einem Drachen entnahm, den er erschlagen hatte, und auf Rat der Athene in die Erde säte. Der zweite Teil der Zähne wurde von Athene an Aietes, Vater der Medea, mit dem gleichen Auftrag gegeben. Über die gesäten Zähne besteht also ein Bezug zur Iason-Sage (Goldenes Vlies) – dies nur zur Verdeutlichung, wie weit das Netz der griechischen Mythologie gespannt ist.

Im zweiten Teil der Gegenstrophe wird eine Begebenheit erwähnt, bei der Zeus eine entscheidende Rolle spielt: Der ebenfalls nicht namentlich genannte Kapaneus, einer der »Sieben gegen Theben«, stieg »in übermütigem Stolz« (V. 130) auf die Stadtmauer (V. 132), wo er »zum Siegesjubel schon anhob« (V. 133). Diese Anmaßung (griech. Hybris) missfiel dem Göttervater so sehr, dass er sie sogleich mit dem Tod durch Blitzschlag bestrafte, also das Kampfgeschehen wesentlich beeinflusste. Diese Begebenheit wird mit dem Bericht von Kapaneus' Sturz (V. 134–137) unterstrichen und die Rolle des Ares wiederum betont (V. 139 f.). Die entscheidende Rolle aber kam Zeus als »Schlachtenwender« (V. 143) zu, der den Thebanern zum Sieg verhalf. Das Brüderpaar Polyneikes und Eteokles ist für den Chor »furchtbar[ ]« (V. 144), weil es die Waffen gegeneinander erhob. Der Chor beurteilt beide gleich und verurteilt nicht Polyneikes allein, dies wird mehrfach betont: Die Brüder sind »einer

1 Vgl. Skizze des Theaters in *Antigone*, Reclam XL, S. 75.

2 Vgl. Rose Beate Schäfer, »Antistrophe«, in: *Metzler Lexikon Literatur: Begriffe und Definitionen*, hrsg. von Dieter Burdorf, Christoph Fasbender und Burkhard Moennighoff, Stuttgart [3]2007, S. 35.

Mutter entstammend« (V. 145), ihre Lanzen »beiderseits siegreich[ ]« (V. 146) und dadurch für beide tödlich (»gemeinsamen Todes [...] beide / zusammen«, V. 147). Der Chor schlägt sich also weder auf die Seite des einen noch des anderen und sieht die Verantwortung für die Tat bei beiden. Von Kreons Erlass weiß der Chor offenbar noch nichts.

In der zweiten Gegenstrophe wendet sich der Chor von den vergangenen, negativen Ereignissen ab und der Gegenwart und Zukunft zu (»Drum schafft nach den Kriegen, / den jüngst vergangnen, Vergessen«, V. 150 f.): Der Sieg (personifiziert als Nike) soll gebührend mehrere Tage lang gefeiert werden, der Schutzgott Thebens, Dionysos (mit seinem Beinamen Bakchios genannt), wird angerufen, dass er den Festzug anführen möge (V. 154). In der letzten Strophe kündigt der Chor den Auftritt Kreons an, der mit dem Patronym – dem Namen des Vaters – »Menoikeus' Sohn« (V. 156) vorgestellt wird und der nun wieder an die Herrschaft Thebens gelangt ist. Er ließ »diese Versammlung der Alten« (V. 159), also den Chor alter Thebaner, einberufen und hat ein Anliegen an sie, von dem im ersten Epeisodion zu lesen sein wird.

Unterrichtsverlauf

Überblick. Die Schülerinnen und Schüler lernen mit dem Parodos zunächst wesentliche Elemente der Vorgeschichte des Antigone-Dramas und des Mythos kennen. Es zeigt sich, dass der Chor hier auf Erzählungen anspielt, die in Sophokles' Griechenland bestens bekannt waren und den nötigen Wissenshintergrund bilden, um das Drama vollständig durchdringen zu können. Dies bietet die Gelegenheit, sich in dieser Unterrichtseinheit mit einer spannenden Eigenschaft des Mythos auseinanderzusetzen: der (deutenden) mündlichen Wieder- und Nacherzählung. Dazu werden drei verschiedene Modelle vorgestellt: Gustav Schwab als Klassiker des deutschen Bildungsbürgertums, Michael Köhlmeier als populär gewordener »extemporierender Geschichtenerzähler« und die im Netz äußerst beliebte *Sommers Weltliteratur to go*, die im Stile komplexitätsreduzierender Erklärvideos sich gerade bei dieser Zielgruppe großer Beliebtheit erfreut. Auf Basis dieser Beispiele sollen die Schülerinnen und Schüler sich selbst im Nacherzählen erproben.

Phase	Thema	Sozialform	Kompetenzen und Lernziele	Materialien
Voraussetzungen: Grobe Kenntnis der Vorgeschichte (Polyneikes und Eteokles)				
2.1	Ein Rätsel: Wer ist der Mann mit dem weißen Schild?	LV / UG	• Elementares Textverständnis entwickeln, relevante Wissensmengen erkennen	
2.2	Nacherzählung 1: Gustav Schwab	EA / UG	• Zwei Erzählungen (Sophokles, Schwab) aufeinander beziehen, Figuren zuordnen • Über die Form der Nacherzählung reflektieren	ARBEITSBLATT 2a ➤ S. 16 ARBEITSBLATT 2b ➤ S. 17
2.3	Nacherzählung 2: Michael Köhlmeier	EA / UG	• Über die Form der Nacherzählung reflektieren	ARBEITSBLATT 2b ➤ S. 17 ARBEITSBLATT 2c ➤ S. 18 Internetzugang
2.4	Nacherzählung 3: *Sommers Weltliteratur to go*	EA / UG	• Über die Form der Nacherzählung reflektieren • Eindrücke miteinander abgleichen	ARBEITSBLATT 2b ➤ S. 17 Internetzugang
2.5	Eine eigene mündliche Nacherzählung erproben	EA / PA / UG		ARBEITSBLATT 2d ➤ S. 20
HA	Lektüre bis einschließlich des 1. Stasimon			ARBEITSBLATT 1b ➤ S. 11 *Antigone*, Reclam XL, S. 13–20

2.1 Ein Rätsel: Wer ist der Mann mit dem weißen Schild?

LV / UG

Unterrichtsschritt. Der Parodos (V. 100–161) war als Hausaufgabe der Vorstunde zur Lektüre aufgegeben. Die Lehrperson liest zum Einstieg V. 100–126 vor. Im Anschluss werden die Schülerinnen und Schüler nach der Figur im Parodos gefragt, die nicht namentlich genannt wird (Lösung: Adrastos).

Leitfragen:
1. Wer ist dieser »Mann mit dem weißen Schild« (V. 106),
2. der später unverletzt von Theben abzieht (V. 120),
3. der von Polyneikes geführt wurde (V. 110 f.)?

Erläuterung. Den Schülerinnen und Schülern wird bewusst, dass hier relevante Wissensmengen für das Verständnis des Dramas vorausgesetzt werden, über die sie in der Regel nicht verfügen. Außer in seltenen Ausnahmefällen wird niemand aus der Lerngruppe einen Bezug zu Adrastos und der Vorgeschichte herstellen können. Dies motiviert die Kontextualisierung und Recherche von Nacherzählungen dieser Unterrichtseinheit.

2.2 Nacherzählung 1: Gustav Schwab

EA / UG

ARBEITSBLATT 2a ➤ S. 16
ARBEITSBLATT 2b ➤ S. 17
Lösungshinweise ➤ S. 91

Unterrichtsschritt. Die Lehrperson zeigt einen Auszug aus Gustav Schwabs klassischen Nacherzählungen, der auch als Arbeitsblatt ausgeteilt wird (ARBEITSBLATT 2a ***Der Mann mit dem weißen Schild***). Die Schülerinnen und Schüler notieren sich nach Lektüre Besonderheiten anhand der Arbeitsaufträge, die nach Sichtung der Texte von 2.3 und 2.4 noch ergänzt werden. Sie suchen dann die Antwort zu den Fragen aus Unterrichtsschritt 2.1. Der Bezug (Adrastos) wird hergestellt. Im Plenum wird sodann kurz unter Rückgriff auf Vorwissen über die Merkmale einer Nacherzählung gesprochen. Die Ergebnisse werden auf dem ARBEITSBLATT 2b ***Verschiedene Mythen-Nacherzählungen kennenlernen und die Art der Darstellung reflektieren*** festgehalten.

Erläuterung. Gustav Schwabs *Sagen des klassischen Altertums* sind die Klassiker unter den Mythen-Nacherzählungen und bildet auch eine Vorlage für Köhlmeiers bekannt gewordenen Radio-/Fernseh-/Buch-Formate. Die Trockenheit der Darstellung ist gepaart mit einer relativ hohen Informationsdichte.

Alternative. Die Unterrichtsschritte 2.2–2.5 können auch in Gruppen als klassischer Stationenlauf mit Arbeitsaufträgen organisiert werden, zunächst arbeitsteilig 2.2, 2.3, 2.4; zeitgleich 2.5.

2.3 Nacherzählung 2: Michael Köhlmeier

EA / UG

ARBEITSBLATT 2b ➤ S. 17
ARBEITSBLATT 2c ➤ S. 18
Lösungshinweise ➤ S. 91
Video (online)

Unterrichtsschritt. Mit Hilfe von ARBEITSBLATT 2b ***Verschiedene Mythen-Nacherzählungen kennenlernen und die Art der Darstellung reflektieren*** finden die Schülerinnen und Schüler den Link in die Mediathek des BR Alpha. Dort sind die Studio-Nacherzählungen von Michael Köhlmeier stets abrufbar. Sie suchen die Nacherzählung der *Sieben gegen Theben* und bearbeiten sie mitsamt dem Text über Köhlmeier (ARBEITSBLATT 2c ***Eintrag zu Michael Köhlmeier aus dem KLG***) in Einzelarbeit. Reflexionsgespräch im Plenum.

Erläuterung. Hier kommt Köhlmeiers Art der Kontextualisierung und Akzentuierung bei mündlichem Nacherzählen der Episoden gut zum Ausdruck. Die – nicht immer historisierende – Form der Verknüpfung mit den sogenannten zeitlosen anthropologischen Grundfragen bildet ein Markenzeichen Köhlmeiers und verhalf ihm zu großer Beliebtheit. Er bildet ein Mischmodell aus Schwab und Sommer, was die Darstellungsweise anbelangt.

2.4 Nacherzählung 3: *Sommers Weltliteratur to go*

Unterrichtsschritt. Mit Hilfe des Videos aus der Reihe *Sommers Weltliteratur to go* lernen die Schülerinnen und Schüler eine Darstellungsweise des Gesamtdramas gerafft auf 11 Minuten kennen und bearbeiten sie ebenfalls anhand von ARBEITSBLATT 2b ***Verschiedene Mythen-Nacherzählungen kennenlernen und die Art der Darstellung reflektieren.*** Ein Reflexionsgespräch, wieder im Plenum, folgt, diesmal kontrastiv zu Köhlmeier und Schwab. Eine Gesamtauswertung schließt die Unterrichtsschritte 2.2–2.4 ab.

EA / UG

ARBEITSBLATT 2b ➤ S. 17 Lösungshinweise ➤ S. 91 Video (online)

Erläuterung. Sommers Videos zeichnen sich vor allem durch die angestrebte und mit Playmobil-Figuren visualisierende Komplexitätsreduktion aus, die als klares Zielpublikum die jugendlichen Schülerinnen und Schüler anvisiert und auch der Klausurvorbereitung dienen soll. Hier wird durch flapsige und humorvolle Formulierungen eine ironische Brechung des Stoffes umgesetzt – die die Vorlage auch transformiert, aber bei den Schülerinnen und Schülern äußerst beliebt ist, da sie nicht überfordert.

2.5 Eine eigene mündliche Nacherzählung erproben

Unterrichtsschritt. Die Schülerinnen und Schüler bereiten nun nach Sichtung und Reflexion der verschiedenen Darstellungsweisen eine eigene Nacherzählung vor, für die sie den Stoff frei wählen dürfen. Dazu dient ARBEITSBLATT 2d ***Eine eigene Nacherzählung vorbereiten und erproben***, um sich wesentliche Elemente notieren zu können. Die Übungsphase kann und soll wiederholend in Partnerarbeit erfolgen, damit ein Übungseffekt eintreten kann. Das rotierende System (z. B. Kugellager- bzw. Zwiebelmethode: innerer und äußerer Kreis, die sich entgegengesetzt bewegen) empfiehlt sich, damit die Motivation, immer neu zu erzählen, gegeben ist. Ein Abschluss im Plenum (in Form einer Ich-erzähle-Dir-meinen-Lieblingsmythos-Stunde) ist optional denkbar und zur Abrundung geeignet.

EA / PA / UG

ARBEITSBLATT 2d ➤ S. 20 Variante: Klasseneigene Mediathek mit Kurzvideos anlegen

Erläuterung. Das Nacherzählen und Formen der Mündlichkeit sind im klassischen Literaturunterricht, der dominant auf analytische Aspekte fokussiert, unterrepräsentiert. In dieser Einheit bekommen die Schülerinnen und Schüler mit Hilfe einer Methode aus dem handlungs- und produktionsorientierten Unterricht die Möglichkeit, ihre individuelle Färbung (neudeutsch ihren »Style«) zu testen und zu entwickeln. Bei geeignetem Klassenklima kommt es zu einem belebenden Interesse an dem Reichtum der mythologischen Geschichten, der auch den folgenden Schritten der Sequenz zugutekommt.

Variante: Eigene Kurzerzählungen per Video aufnehmen und auf eine klasseneigene Mediathekseite laden, so dass eine asynchrone Sichtung möglich wird und die Produkte mehrfach nutzbar sind.

Hausaufgabe

Lektüre bis einschließlich des 1. Stasimon (*Antigone*, Reclam XL, S. 13–20). Die Bearbeitung von ARBEITSBLATT 1b ***Lektüreprotokoll zu Sophokles: »Antigone«*** wird fortgesetzt.

ARBEITSBLATT 1b ➤ S. 11

ARBEITSBLATT 2a

Der Mann mit dem weißen Schild

Gustav Schwab: Der Sturm auf die Stadt

»Der Orakelspruch war erfüllt; Kreon bezähmte seinen Jammer; Eteokles teilte den sieben Torbeschirmern sieben Scharen zu, und wo er diese hinweggenommen, stellte er Reiter hinter Reiter zum Ersatz auf, dazu leichtes Fußvolk hinter die Schildträger, um überall, wo die Mauern durch den Angriff leiden sollten, sie mit Heeresmacht schirmen zu können. Auch das Heer der Argiver brach jetzt auf, und der Sturm auf den Wall nahm seinen Anfang. Der Kriegsgesang erscholl, und vom feindlichen Heere wie von den Mauern der Thebaner herab schmetterten zu gleicher Zeit die Trompeten. […] In diesem Augenblicke erschien Eteokles, sammelte sie, wie ein Jäger zerstreute Hunde, und führte sie auf die Mauerzinne zurück. Dann eilte er weiter von Tor zu Tor. Da stieß er auch auf den tobenden Kapaneus, der eine vielsprossige Sturmleiter wider die Stadt herantrug und prahlend ausrief, selbst des Zeus Blitz solle ihn nicht aufhalten, die Grundfeste der eroberten Stadt zu brechen. Mit solchen Trotzworten legte er die Leiter an und klomm unter seinem Schilde, umsaust von Steinen, die glatten Sprossen empor. Aber ihn für seinen Frevelmut zu züchtigen, blieb nicht den Thebanern überlassen; Zeus selbst übernahm es und traf ihn, als er schon über den Mauerkranz drang, mit seinem Donnerkeile. Es war ein Schlag, dass die Erde dröhnte; seine zerrissenen Gliedmaßen flogen weit umher von der Leiter, das entflammte Haar flatterte gen Himmel, das Blut floss auf die Erde; Hände und Füße rollten im Kreise wie ein Rad; der Rumpf stürzte endlich feurig auf den Boden nieder.

Der König Adrast erkannte aus diesem Zeichen, dass der Göttervater seinem Vorhaben feindselig sei; er führte seine Scharen aus dem Stadtgraben heraus und wich mit ihnen rückwärts. Die Thebaner dagegen, als sie das glückbringende Zeichen, das ihnen Zeus gesandt hatte, erkannten, brachen zu Fuß und zu Wagen aus der Stadt hervor; ihr Fußvolk stürzte mitten unter die argivische Heerschar, Wagen rannten an gegen Wagen, Leichname lagen zu Haufen; der Sieg blieb den Thebanern, und erst nachdem sie die Feinde auf eine gute Strecke von der Stadt zurückgeworfen, kehrten sie in dieselbe zurück.«

Gustav Schwab: Sagen des klassischen Altertums. Kapitel 79: Der Sturm auf die Stadt. In: gutenberg.spiegel.de/buch/sagen-des-klassischen-altertums-4962/79 (Stand: 20.2.2019).

Arbeitsaufträge:

1. Nennen Sie die beteiligten Figuren und den Ort der Handlung.
2. Formulieren Sie in einem Satz den zentralen Konflikt, der dargestellt ist.
3. Stellen Sie wesentlichen Handlungsschritte in ihrem Zeitablauf zusammen.

Frage: Wer ist nun der Mann mit dem weißen Schild?

Verschiedene Mythen-Nacherzählungen kennenlernen und die Art der Darstellung reflektieren

Variante	Notizen: • WIE wird erzählt? • Grad der Verständlichkeit? • Angemessenheit der Darstellung? • Informationsgehalt?
Nacherzählung 1: Gustav Schwab: *Sagen des klassischen Altertums*, Kapitel 79: *Der Sturm auf die Stadt*; ARBEITSBLATT 2a	
Nacherzählung 2: Michael Köhlmeier: *Sieben gegen Theben*, www.br.de/fernsehen/ard-alpha/sendungen/mythen/mythen-sagen-altertum136.htm (Stand: 14.10.2019); ARBEITSBLATT 2c 	
Nacherzählung 3: *Sommers Weltliteratur to go – Antigone*, sommers-weltliteratur.de/antigone (auch auf: youtu.be/1BimFa6qRz4, Stand 14.10.2019) 	

Eintrag zu Michael Köhlmeier aus dem KLG

Michael Köhlmeier 2008. – CC BY-SA 2.0 DE / Schmieren

»Michael Johannes Maria Köhlmeier, geboren am 15.10.1949 in Hard am Bodensee, wuchs hauptsächlich in Hohenems/Vorarlberg auf, lebte aber vor seiner Einschulung auch zeitweise bei einer Tante in Deutschland. Im Alter von zehn Jahren kam er in ein Internat. Als Jugendlicher begann er, eigene Songs zu schreiben, und trat als Liedermacher auf. Nach der Matura (Abitur) studierte er von 1970 bis 1976 Germanistik und Politologie in Marburg, Mathematik und Philosophie in Gießen. Danach arbeitete er einige Jahre beim Österreichischen Rundfunk. 1981 heiratete er die Schriftstellerin Monika Helfer. Seit 1985 lebt er als freier Schriftsteller in Hohenems, in jüngerer Zeit zeitweise auch in Wien.

Die antike Vorlage gibt Köhlmeier die Gelegenheit, das mythologische Geschehen zwischen Menschen und Göttern psychologisch zu interpretieren und abermals nach den Determinanten menschlichen Handelns zu fragen. Ähnlich geht der Autor auch bei seinen Nacherzählungen von Episoden aus der griechischen und römischen Mythologie vor, die im Zuge einer Auftragsarbeit für den Österreichischen Rundfunk entstanden sind. In den vier vorliegenden Bänden (1996–1999) greift er dabei auf ein berühmtes Vorbild aus dem 19. Jahrhundert zurück: Gustav Schwabs ›Sagen des klassischen Altertums‹. Doch anders als sein Vorgänger, der in erster Linie humanistisches Bildungsgut bewahren wollte, indem er es in bereinigter Form neuen Rezipientenschichten wie Kindern und Jugendlichen zugänglich machte, versteht Köhlmeier die Mythologie der Antike eher als Figuren- und Motivfundus, aus dem er nach Gutdünken auswählt, dessen Bestandteile er teilweise auch neu verknüpft und die er fabulierend weiterentwickelt. Was den solcherart nach- und umerzählten Stoffen Bedeutung verleiht, ist, dass sie als eine Art Ursprungsgeschichte unserer Jetztzeit begriffen werden. Die antike Welt erscheint also als ›ferner Spiegel‹ (›Man weiß ja fast gar nichts‹, 2002), mit dessen Hilfe die Konturen der Gegenwart genauer erfasst werden können: ›Der Mythos erzählt [...] vom Gewesenen, Vergangenen, aber von einem Vergangenen, dessen Folgen bis heute anhalten, somit vom Werden und Gewordensein – von uns.‹ (›Michael Köhlmeiers Sagen des klassischen Altertums‹)

Die Nacherzählungen der ›Sagen des klassischen Altertums‹ erhalten zusätzliche Bedeutung durch ihre intermediale Komponente. Da Köhlmeier in der ursprünglichen Rundfunkfassung, die auch auf CD-ROM zugänglich ist, die jeweiligen Episoden – ohne auf ein vorher feststehendes Manuskript zurückzugreifen – extemporierend erzählt hat, weist deren Diktion ein stark mündliches Gepräge auf. Die sich daran anschließenden Buchveröffentlichungen, die als eine Art Sekundärprodukt dieser Hörfunkarbeiten angesehen werden müssen, versuchen, diesen Duktus in das Medium der Schrift zu übertragen. Hieraus wird ersichtlich, dass sich der Autor um eine Re-Oralisierung der feststehenden Überlieferung bemüht, um auf diese Weise die erstarrten Texte in veränderter Form den Adressaten nahe zu bringen und damit neu in das kollektive Gedächtnis einzuspeisen. Der ungewöhnliche Erfolg der Rundfunksendungen bewog schließlich sogar das Fernsehen dazu, eine Reihe mit den modernen ›Sagen des klassischen Altertums‹ zu produzieren, in welcher der österreichische Schriftsteller unter völligem Verzicht auf die für das Medium üblichen Darstellungstechniken in personam als extemporierender Geschichtenerzähler gezeigt wird. Köhlmeier nutzt also die aktuellen Präsenzmedien Rundfunk und Fernsehen geschickt zur Verlebendigung des längst Fixierten. Ebenfalls aus Rundfunkproduktionen erwachsen sind vier weitere Buchveröffentlichungen: Nacherzählungen des Nibelungenlieds (1999) und der Bibel (2000, 2001, 2003). Auf das Buch beschränkt blieb das Projekt der variierenden Umschrift bekannter Texte im Falle der Dramen Shakespeares (2004). Allerdings verdeutlichen diese Publikationen auch die Grenzen von Köhlmeiers Verfahren: Der Preis für die Aktualisierung der Überlieferung ist nämlich eine Fixierung auf die stoffliche Komponente, eine Enthistorisierung und damit einhergehend eine völlige Vernachlässigung des Künstlerischen in den Texten. Besonders bei der den Inhalt paraphrasierenden Wiedergabe der Dramen Shakespeares macht sich das bemerkbar, weil hier die punktuelle Neudeutung den Verlust der ästhetischen Qualität der Sprache nicht wettzumachen vermag.«

Wolfgang Bunzel: Köhlmeier, Michael. In: nachschlage.NET/KLG – Kritisches Lexikon zur deutschsprachigen Gegenwartsliteratur, www.nachschlage.net/document/16000000315 (Stand: 28.2.2019, gekürzt).

ARBEITSBLATT 2d

Eine eigene Nacherzählung vorbereiten und erproben

Beteiligte **Figuren:**

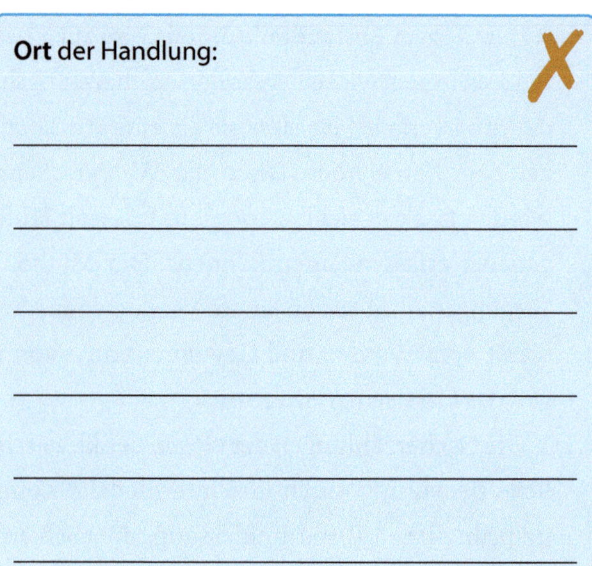

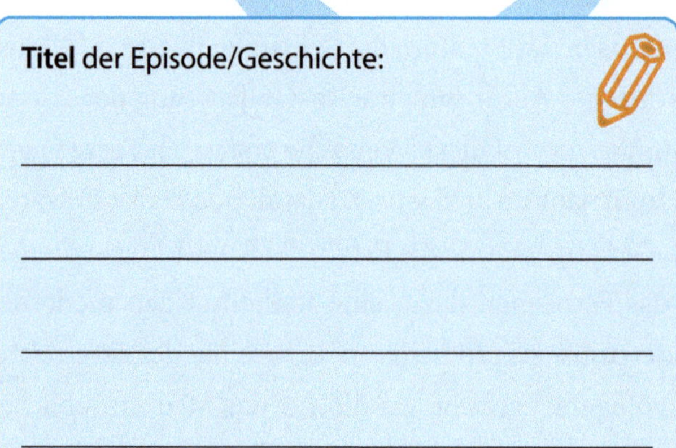

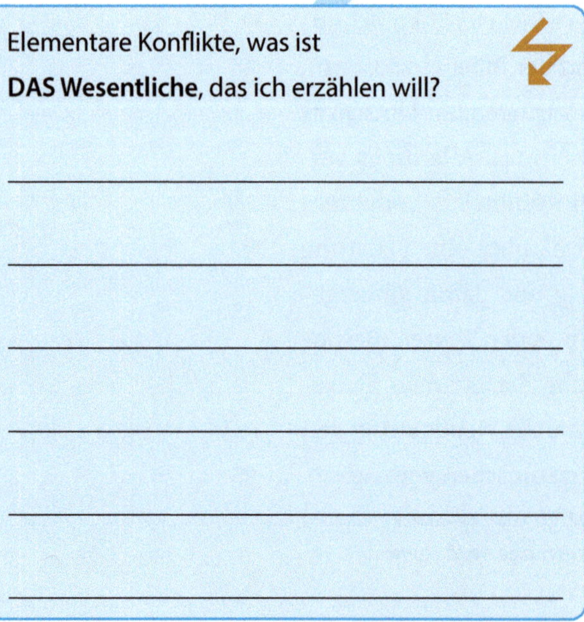

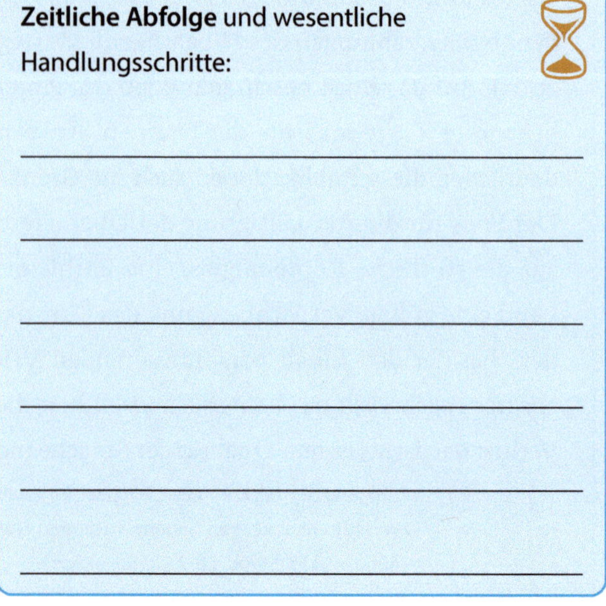

3 Die Rolle des Chors interpretieren

Sachanalyse

Chorlieder werden Stasimon (Standlied) genannt, nur das erste Chorlied, bei dem der Chor durch den Seiteneingang einzieht, heißt Parodos, benannt nach dem gleichnamigen Seiteneingang, durch den der Chor die Bühne betrat. Chorlieder waren nicht nur wichtiger Bestandteil des antiken Theaters, sie sind auch älter als das Schauspiel, das heutzutage als Theater verstanden wird.[1] Durch den kultischen Ursprung des antiken Dramas behielt der Chor lange Zeit seine bedeutende Rolle. Im Theater war der Chor vor den Schauspielern positioniert, in der sogenannten Orchestra, ursprünglich dem Tanzplatz. »Chor« bedeutete ursprünglich ›Tanzplatz‹, dann wurde der Begriff auf den kultischen Tanz, in weiterer Folge auch auf die mit ihm verbundenen Gesänge und Personen übertragen. In dieser Bedeutung besteht das Wort bis heute. Bei allen antiken Dramen gab es Chöre, die sich in ihrer Funktion und Besetzung jedoch unterschieden. Gemeinsam war allen Chören, dass sie einen Chorführer hatten, den sogenannten Choregen. Er war für 12, bei Sophokles 15, in der Komödie 24 Tänzer/Sänger verantwortlich, die sogenannten Choreuten. Der Chorege übernahm die Kosten für den Chor, oft auch die künstlerische Leitung, und wurde mit dem Autor, der im Normalfall auch Regisseur war, gemeinsam prämiert. Auch wenn es nicht ganz sicher ist, ob Dialoge mit den Schauspielern nur vom Chorleiter oder vom ganzen Chor geführt wurden, so steht doch fest, dass der Chor in die Handlung eingreifen konnte. Die Chorlieder Parodos, Stasimon und Exodos waren schon Bestandteile der Chorlyrik, bevor der erste Schauspieler eingeführt wurde. Themen dieser Aufführungen waren ähnlich wie später im Drama: Mythologie, Heroen, Religion. Unsicher, wenn auch wahrscheinlich ist, dass der Chorgesang von Instrumenten begleitet wurde. Im Drama übernimmt der Chor eine Rolle – bei *Antigone* ist es die der Bürger der Stadt – und agiert auch in dieser Rolle, steht nicht über der Handlung als auktorialer Kommentator, sondern ist in sie integriert. Funktion des Chores ist es dennoch, das Geschehen zu kommentieren und zu kontextualisieren. Daraus ergibt sich auch die Thematik der Chorlieder, die zum Teil nur assoziativ mit der Handlung der Epeisodia zu tun hat. Im Gegensatz zum ältesten der klassischen Dramatiker, Aischylos, verringert Sophokles den Anteil des Chores zwar, aber er spielt nach wie vor eine bedeutende Rolle – die Verteilung zwischen Chor und Schauspiel ist also ausgewogen. Beim jüngsten der Dramatiker, Euripides, wird die Funktion des Chores zunehmend eingeschränkt und besteht – wie auch in der römischen Antike – in erster Linie darin, die Epeisodia voneinander abzugrenzen. Schon in der der Antike verlor der Chor also an Bedeutung und wurde in weiterer Folge immer unüblicher.[2]

Die eher assoziativen Zusammenhänge der Chorlieder mit den Epeisodia lässt sich zum Beispiel im ersten und im dritten Stasimon der *Antigone* gut erkennen: Während im Parodos neben dem Lob der Sonne die Vorgeschichte zu *Antigone*, *Sieben gegen Theben*, rekapituliert wird, thematisiert das erste Stasimon das Potential des Menschen zum Guten wie zum Schlechten. Das zweite Stasimon steht wiederum in unmittelbarem Bezug zur Handlung und thematisiert den Labdakiden-Fluch. Das dritte Stasimon hingegen befasst sich mit der Macht des Eros, des Liebesgotts und Sohns der Aphrodite. Auch hier wird die positive wie die negative Macht der Eros erläutert. Die Ambiguität der Chorlieder spiegelt auch die Ambiguität des Konflikts zwischen Antigone und Kreon wider.

1 Vgl. auch Theodor Pelster, *Lektüreschlüssel XL. Sophokles: Antigone*, Stuttgart 2018, S. 44 f.

2 Vgl. Wiebke von Bernstorff, »Chor«, in: *Metzler Lexikon Literatur: Begriffe und Definitionen*, hrsg. von Dieter Burdorf, Christoph Fasbender und Burkhard Moennighoff, Stuttgart [3]2007, S. 122.

Unterrichtsverlauf

Überblick. Die Schülerinnen und Schüler lernen den Chor als moralische Instanz und als Mitspieler kennen. Sie vertiefen ihr Wissen über das antike Drama als Gattung und speziell die Rolle des Chors. Im Folgenden analysieren sie Chorlieder und verfassen kurze Lektürehilfen für die Lerngruppe. Diese werden gemeinsam ergänzt. Ein optionaler Unterrichtsschritt besteht im Kennenlernen des Aufbaus eines griechischen Theaters. **! Verkürzter Verlauf: 3.1 – 3.2. – 3.3**

Phase	Thema	Sozialform	Kompetenzen	Material
Voraussetzung: Lektüre bis einschließlich des 1. Stasimon (*Antigone*, Reclam XL, S. 20)				
3.1	Die Rolle des Chores	EA / UG	• Konzept des Chores erfassen	ARBEITSBLATT 3a ➤ S. 25
3.2	Chorlieder und die Rolle des Chorführers analysieren	GA / UG	• Sprachlich-syntaktische Analyse von Chorliedern • Anwendung konzeptuellen Wissens	ARBEITSBLATT 3b ➤ S. 26 ARBEITSBLATT 3c ➤ S. 27
3.3	Lektürehilfen gemeinsam erweitern	UG	• Publikumsorientiertes Schreiben von Sachtexten	ARBEITSBLATT 3c ➤ S. 27
3.4 fakultativ	Aufbau des antiken Theaters	UG	• Verständnis für antikes Theater erweitern	VORLAGE 3 ➤ S. 24
HA	Lektüre bis einschließlich des 3. Stasimon			ARBEITSBLATT 1b ➤ S. 11 *Antigone*, Reclam XL, S. 20–37

3.1 Die Rolle des Chores

EA / UG

ARBEITSBLATT 3a
➤ S. 25

Unterrichtsschritt. Die Schülerinnen und Schüler erhalten ARBEITSBLATT 3a ***Die Rolle des Chores*** zur selbständigen Lektüre. Rückfragen werden im Unterrichtsgespräch geklärt. Prinzipiell soll das Arbeitsblatt aber das Wissen für die folgende Gruppenarbeitsphase liefern.

3.2 Chorlieder und die Rolle des Chorführers analysieren

GA / UG

ARBEITSBLATT 3b
➤ S. 26
ARBEITSBLATT 3c
➤ S. 27

Unterrichtsschritt. Die Klasse wird nun in drei Teile geteilt, die wiederum – je nach Klassenstärke – aus bis zu zwei Gruppen bestehen können. Jede Gruppe sollte maximal 5 Personen umfassen. Der erste Teil beschäftigt sich erneut mit dem 1. Stasimon, das zwar herausfordernd, aber durch die Lektüre als Hausaufgabe nun vorentlastet ist. Der zweite Teil sieht ein wenig nach vorne und beschäftigt sich mit dem 3. Stasimon. Der dritte Teil beschäftigt sich mit der Rolle des Chorführers anhand von vier Textstellen (ARBEITSBLATT 3c ***Der Chorführer***). Jede Gruppe verfasst anhand von ARBEITSBLATT 3b ***Arbeitsaufträge für Gruppen*** eine Lektürehilfe von ungefähr einer halben Seite, die den Mitschülerinnen und Mitschülern das Verständnis der Texte erleichtern soll. Nach Ende der Gruppenarbeitsphase wird die Lektürehilfe von einigen Gruppen verlesen, fallweise ergänzt und der Lerngruppe zur Verfügung gestellt.

Erläuterungen. *Zum 1. Stasimon (Lied des Menschen):* »Zahlreich ist das Ungeheure, doch nichts / ungeheurer als der Mensch« (V. 332 f.) – das erste Stasimon (Standlied) des Chores verhandelt auf abstrakter Ebene, was zu einem Thema des Dramas wird: Die Fähigkeit des Menschen zum »Ungeheuren«, wobei sich Sophokles die Doppeldeutigkeit des griechischen *deinós* zunutze macht. Altgriechisch-Wörterbücher verzeichnen für *deinós* die beiden Bedeutungen ›furchtbar‹, ›schrecklich‹, ›gefährlich‹ und ›gewaltig‹, ›groß‹, ›außerordentlich‹. Dies deutet also auf besondere Fähigkeiten des Menschen hin, die zum Guten wie zum Bösen herausragen können. Einige dieser ungeheuren Taten werden im Folgenden besungen: Seefahrerei, Landwirtschaft und Jagd (V. 334–352). Sie stehen symbolisch dafür, dass der Mensch Meer, Erde und die Tierwelt unterjocht hat. Auch kulturelle Errungenschaften werden thematisiert, die Sprache, das Denken und der Städtebau als spezifisch menschliche Dinge, sowie der medizinische Fortschritt (V. 363 f.), der Krankheiten heilen kann, jedoch nicht den Tod, der den Menschen immer bestimmt (»Vor dem Tod allein / wird er kein Entrinnen finden«, V. 361 f.), auch wenn er ansonsten »allbewandert«, »[u]nbewandert in nichts« (V. 360) ist. Seine Veranlagung führt den Menschen also »bald zum Bösen, bald zum Guten« und »[e]hrt er die Gesetze des Landes / und das bei den Göttern beschworene Recht« (V. 367–369). Dies formuliert nun den zentralen Konflikt des Dramas: Was ist zu befolgen, das Recht der Götter oder die Gesetze des Menschen? Für den Chor ist »rechter Bürger«, wer »das Gute« tut und sich nicht vom Bösen leiten lässt.

Zum 3. Stasimon: Das kurze Stasimon besingt Eros, den Sohn der Aphrodite, der Liebe bringt, und mit ihr Verwirrungen und Verrücktheiten. Liebe ist das höchste, und weder Menschen noch Götter sind vor ihr gefeit (V. 787–790). Liebe kann auch negative Konsequenzen haben: »Du reißt auch den Sinn von Gerechten / hin zum Unrecht, zu deren Schaden und Schande« (V. 791 f.), wie es auch hier passiert sei: »Du hast auch diesen Streit der Männer / verwandten Bluts aufgerührt« (V. 793 f.), »denn unüberwindbar / treibt in dem allem ihr spöttisches Spiel Aphrodite, die / Göttin« (V. 798–800).

Zum Chorführer: Die Bedeutung des Chorführers völlig aus den Texten zu rekonstruieren, ist herausfordernd, und die Schülerinnen und Schüler sollten bei Schwierigkeiten selbständige Recherchen anstellen. Dennoch soll zu Beginn auf den Dramentext zurückgegriffen werden. Die vier Stellen zeigen, dass der Chorführer in die Handlung eingebunden wird und zumindest manchmal einem Schauspieler gleichwertig behandelt wird. Der Chorführer kündigt außerdem den Auftritt von Schauspielern an und strukturiert dadurch die Handlung. Er kann, wie der Chor im Allgemeinen, die Handlung kommentieren und bewerten.

3.3 Lektürehilfen gemeinsam erweitern

Unterrichtsschritt. Nach Ende der Gruppenarbeitsphase werden die soeben verfassten Lektürehilfen von einigen Gruppen verlesen, diskutiert und fallweise durch die Lehrperson ergänzt und der Lerngruppe zur Verfügung gestellt. Das ARBEITSBLATT 3c ***Der Chorführer*** kann nun auch an alle Schülerinnen und Schüler ausgegeben werden. Anhand der Leitfrage »Worin besteht die Funktion des Chorführers und wie zeigt sie sich?« kann das Unterrichtsgespräch darüber geführt werden.

UG

ARBEITSBLATT 3c
➤ S. 27

3.4 Aufbau des antiken Theaters (fakultativ)

Unterrichtsschritt. Der Aufbau des griechischen Theaters wird durch Vortrag der Lehrperson anhand von VORLAGE 3 ***Aufbau des antiken Theaters*** vorgestellt. Die Lerngruppe versucht, Chor (Orchestra) und Schauspieler (Skene) zu lokalisieren.

UG

VORLAGE 3
➤ S. 24

Erläuterung. Das Theater entwickelte sich erst mit der Zeit zu einem Gebäude, wie es auf VORLAGE 3 zu sehen ist. Da das Theater ursprünglich kultische Bedeutung hatte, brauchte es vor allem einen Tanzplatz, die sogenannte Orchestra. Sie befand sich wohl am Fuße von natürlichen Hängen, auf denen die Zuschauerränge untergebracht werden konnten. Als Theater zu mehr als Chorgesang und -tanz wurde, entstand die Skene, das Bühnengebäude, von dem aus ein Schauspieler mit dem Chor in Interaktion treten konnte. Mit der Zeit wurde die Skene immer größer und brachte wohl auch Kostüme, Masken und Requisiten unter. Im Dionysostheater in Athen wurde z. B. *Antigone* aufgeführt, und man kann es noch heute besichtigen. Es fasste wohl über 15 000 Menschen. Daran erkennt man, dass Theater im antiken Griechenland ein Gesellschaftsereignis war.

Hausaufgabe

ARBEITSBLATT 1b
➤ S. 11

Lektüre bis einschließlich des 3. Stasimon (*Antigone*, Reclam XL, S. 20–37). Die Bearbeitung von ARBEITSBLATT 1b ***Lektüreprotokoll zu Sophokles: »Antigone«*** wird fortgesetzt.

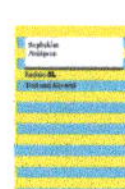

VORLAGE 3

Aufbau des antiken Theaters

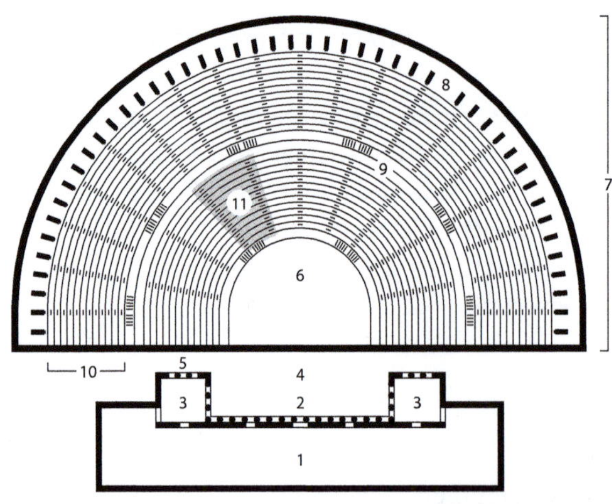

System des griechischen Theaters. – **1** Skenengebäude, Bühnengebäude. · **2** Skene, Bühnenwand. · **3** Paraskenion. · **4** Proskenion, Bühne. · **5** Parodos, Durchgang. · **6** Orchestra, Chorplatz. · **7** Theatron, Zuschauerraum. · **8** Bogengang mit Pfeilerhalle. · **9** Diazoma, Gürtelgang. · **10** Zona, Rang. · **11** Kerkis, Segment.

Das Dionysostheater in Athen heute.

Rekonstruktion des Dionysostheaters aus dem 19. Jahrhundert

ARBEITSBLATT 3a

Die Rolle des Chores

Der Chor war von Anfang an Bestandteil der antiken Tragödie, weil er ihr Ursprungort war:

»In Athen hat der Staatsmann Peisistratos um 560 v. Chr. die Großen Dionysien eingeführt, ein mehrtägiges Götterfest mit musischen Wettkämpfen, bei denen die Dithyrambenchöre aufgeführt wurden. Diese Chorlieder enthielten bereits dialogische Elemente, Wechselgesänge, sowie die Reflexionen des Dichters, und sie wurden auch tänzerisch gestaltet. Von hier aus war es nur ein, allerdings entscheidender Schritt, dem Chor einen Sprecher beizugeben, den ersten Schauspieler, der Hypokrités, wörtlich ›Antworter oder Ausleger‹, hieß. Es war wohl die geniale Tat des Dithyrambendichters Arion (um 600/580 v.Chr.) aus Lesbos, der aus dem Gemeindekultlied die Urtragödie schuf (so Harald Patzer). In der Folgezeit traten dann noch zwei Sprecher hinzu, so daß nun ein Dialog zwischen Einzelpersonen möglich wurde. Die Herkunft der Tragödie aus dem Gemeindegesang erklärt die Bedeutung, die der Chor auch weiterhin behielt. Er repräsentiert die versammelte Festgemeinde.«

Marion Giebel: Erläuterungen und Dokumente. Sophokles: Antigone. Bibliogr. erg. Ausg. Stuttgart: Reclam, 2003 [u. ö.]. S. 24 f. – *Antigone*, Reclam XL, S. 70 f.

Der Chor als Ursprung des griechischen Dramas hat nicht nur die Funktion, zu kommentieren, sondern wird bei Sophokles noch aktiv in die Handlung einbezogen: Während beim frühesten klassischen Tragödiendichter Aischylos der Chor noch die Hauptrolle spielt und bei Euripides, dem wohl modernsten, auf kurze Lieder beschränkt wird, kann der Chor bei Sophokles die Handlung kommentieren und dabei auch moralische Überlegungen einfließen lassen. Dass es in der *Antigone* Greise sind – oft auch als »weise Männer« bezeichnet –, verdeutlicht, dass der Chor als moralische Instanz zu werten ist. Der Chorführer kann auch in die Handlung eingreifen und kurzzeitig zum Dialogpartner der Schauspieler werden. Sophokles ist für wesentliche Neuerungen im Einsatz des Chores verantwortlich:

»So erhöhte er die Zahl der Chormitglieder von zwölf auf fünfzehn und fügte der Szene den dritten Schauspieler hinzu. Während bei Aischylos noch das Chorlied und die Rede des Schauspielers dominieren, macht Sophokles den Dialog zum Mittelpunkt des dramatischen Geschehens. Der Chor ist wie bei Aischylos entweder Gemeindechor, d.h. er besteht aus Bürgern der Stadt, wie in der *Antigone* oder im *König Ödipus*, oder er setzt sich als Gefährtenchor zusammen aus Begleitern der Hauptpersonen, wie in der *Elektra* oder im *Philoktet*. Er ist bei Sophokles jedoch, wie Aristoteles bezeugt (*Poetik*, Kap. 18, 1456a 26), als Mitspieler in die Handlung einbezogen. In der Aussage des Chors hört man also nicht, wie z.B. in Aischylos' *Agamemnon*, stets die Stimme des Dichters, die das Geschehen theologisch deutet, der Chor urteilt vielmehr oft aus der Perspektive der Rolle heraus, also etwa der älteren Bürger Thebens in der *Antigone*.«

Marion Giebel: Erläuterungen und Dokumente. Sophokles: Antigone. Bibliogr. erg. Ausg. Stuttgart: Reclam, 2003 [u. ö.]. S. 28. – *Antigone*, Reclam XL, S. 65.

ARBEITSBLATT 3b

Arbeitsaufträge für Gruppen

Gruppe 1: 1. Stasimon

Arbeitsauftrag:

Lesen Sie das 1. Stasimon (*Antigone*, Reclam XL, S. 19 f.) mit diesem Hintergrundwissen erneut und verfassen Sie für Ihre Mitschülerinnen und Mitschüler eine kurze Erklärung und Interpretation. Dabei können Ihnen folgende Fragen helfen:

- Worum geht es im 1. Stasimon?
- Was sind Hauptgedanken?
- Was bedeutet »ungeheuer«?
- Wer ist »ungeheuer« und warum?
- In welcher Verbindung steht das Lied zum Geschehen des 1. Epeisodion?
- Welche sprachlichen, stilistischen, syntaktischen Auffälligkeiten finden sich?

Gruppe 2: 3. Stasimon

Arbeitsauftrag:

Lesen Sie das 3. Stasimon (*Antigone*, Reclam XL, S. 36 f.) mit diesem Hintergrundwissen und verfassen Sie für Ihre Mitschülerinnen und Mitschüler eine kurze Erklärung. Dabei können Ihnen folgende Fragen helfen:

- Worum geht es im 3. Stasimon?
- Was sind Hauptgedanken?
- Wer ist Eros?
- Welche Wirkung hat er auf die Menschen?
- Welche Stellen sind schwer verständlich und wie können sie erschlossen werden?
- Was hat das Lied mit dem Drama zu tun?
- * Wie könnte es mit dem 1. Stasimon in Verbindung gebracht werden?

Gruppe 3: Chorführer

Arbeitsauftrag:

Lesen Sie ARBEITSBLATT 3c (Textausschnitte aus der *Antigone*) mit Ihrem Hintergrundwissen über den Chor und verfassen Sie für Ihre Mitschülerinnen und Mitschüler eine kurze Erklärung über die Rolle des Chorführers. Dabei können Ihnen folgende Fragen helfen:

- Was ist ein Chorführer?
- Worin unterscheidet er sich vom Rest des Chores?
- Wie greift er an diesen Stellen in die Handlung ein?
- Wie viel Macht kommt ihm zu?
- Welche Handlungsmöglichkeiten hat er (im Vergleich zu Antigone, Kreon, dem Boten usw.)?
- Worin besteht seine Funktion?
- * Wie könnte es mit dem 1. Stasimon in Verbindung gebracht werden?

ARBEITSBLATT 3c

Der Chorführer

KREON. […] Wer aber wohlgesinnt ist dieser Stadt, der sei,
ganz gleich, ob tot, ob lebend, stets von mir geehrt!
CHORFÜHRER. Dir steht es frei, Sohn des Menoikeus, so zu tun
an dem, der's übel oder wohl meint mit der Stadt,
und jede Satzung anzuwenden liegt in deiner Macht
auf die, die tot sind, wie auf uns, die leben.
KREON. Seid mir nun Hüter des Verfügten!
CHORFÜHRER. Bürd einem Jüngern auf zu tragen diese Last!
KREON. Nun, Wachen bei dem Toten sind bestellt.
CHORFÜHRER. Was andres könntest du denn uns damit befehlen?
KREON. Dass ihr es keinem durchgehn lasst, der nicht gehorcht!
CHORFÜHRER. So töricht ist doch keiner, dass er sterben möchte.
KREON. Ja, in der Tat, dies wär der Lohn! Jedoch mit Hoffnungen
hat die Gewinnsucht Männer oft schon ruiniert.

V. 209–222

CHORFÜHRER. Denn vor dem gottgewirkten Schreckbild dort
bin ich im Zwiespalt; wie kann ich, wo ich's doch weiß, bestreiten,
dass dieses Mädchen Antigone ist?
Unselige, Kind unseligen
Vaters, des Ödipus,
was soll das? Sie bringen dich doch nicht her,
weil sie dich ungehorsam dem Königsgebot
und wahnwitzig handelnd ergriffen?
WÄCHTER. *Mit der gefangenen Antigone.*
Die hier, die ist's, die die Tat getan!
Die griffen wir, als sie bestattete! – Doch wo ist Kreon?
CHORFÜHRER. Da kommt er aus dem Haus, zurück zur rechten Zeit.
Kreon tritt auf.

V. 376–386

CHORFÜHRER. Ganz klar tritt da zutag des schroffen Vaters schroffe Art
im Kind; im Unglück nachzugeben weiß sie nicht.

V. 471 f. (über Antigone)

CHORFÜHRER. Doch da, schau hin, vor dem Tor Ismene,
aus Liebe zur Schwester Tränen vergießend!
Eine Wolke über den Brauen
entstellt ihr gerötetes Antlitz
und benetzt die reizende Wange.

V. 526–530

4 *Antigone* als einen durch Konflikte geprägten Text begreifen

Sachanalyse

3. Epeisodion: Der Chorführer kündigt den nächsten Auftritt an: Haimon (in anderen Übersetzungen: Hämon), Kreons Sohn und Antigones Verlobter, tritt auf. Kreon fragt ihn: »sind wir dir, wie wir auch handeln, lieb?« (V. 634) Haimon stellt sich nun vermeintlich auf seines Vaters Seite: »Dein bin ich, Vater, und du leitest mich, / hast gute Regeln du, und ihnen werd ich folgen« (635 f.), doch wird sich bald zeigen, dass dies ein geschickter Versuch von Haimon ist, seinen Vater umzustimmen. Kreon führt einen längeren Monolog: Er lobt Haimon, weil er ihm treu ist, wie überhaupt ein Nachkomme, der dem Vater gehorsam ist und seine Erwartungen erfüllt, ein hohes Gut sei. Gehorsamkeit dem Vater gegenüber ist für Kreon wichtiger als die Liebe zu einer Frau: »Darum, mein Sohn, wirf nie der Lust zulieb weg den Verstand / um eines Weibes willen« (V. 648 f.), besonders nicht für Antigone. Denn sie, so beteuert Kreon, werde er nicht schonen, sondern töten: »so werde ich mich selbst nicht vor der Stadt zum Lügner / machen« (V. 657). – »Denn wer im eignen Haus ein rechter Mann ist, / der wird auch in der Stadt sich als gerecht erweisen« (V. 661 f.), folgt er seiner bisherigen Argumentation, das Beste für die Stadt Theben durchsetzen zu wollen. Spätestens an dieser Stelle aber kann sich bei aufmerksamen Leserinnen und Lesern Zweifel an Kreons Intention einstellen: Geradezu auffällig oft und ausgiebig betont er, im Interesse Thebens zu handeln. Er ist um seinen Ruf und das rechte Handeln bemüht und sieht sich seinem eigenen Gesetz unterworfen (V. 666 f.). Denn als Herrscher wie im Krieg sei das größte Hindernis die »Zuchtlosigkeit«, und nur Disziplin und Regeltreue bringen den Sieg (vgl. V. 670–674). Kreon folgert daraus, dass man bei allem Widerstand nicht nachgeben dürfe, schon gar nicht einer Frau: »So muss man denn, was angeordnet ist, verfechten / und nie darf einem Weib man unterliegen. / Denn besser ist's, wenn's sein muss, uns verdrängt ein Mann, / und nie soll's heißen, dass wir Weibern unterlegen sind« (V. 677–680). Dem Chorführer leuchtet diese Argumentation ein, Haimon aber sieht das anders: Er setzt seinerseits zum Monolog an, stimmt anfangs dem Vater vermeintlich zu, aber äußert erst zurückhaltend, dann immer offener Kritik an dessen Handeln: Haimon berichtet, die Stimmung der Thebaner erkundet zu haben, und es falle der Stadt schwer, Verständnis für Kreon aufzubringen. Dies ist eine geschickte Strategie, um Kreons Beteuern, nur im Sinne der Thebaner zu handeln, geschickt zu unterlaufen und als Lippenbekenntnis aufzudecken. Die Bürger nämlich beklagten Antigones Schicksal: »dass sie, die es von allen Fraun zuletzt verdient, / aufs schlimmste sterben soll für eine höchst ruhmreiche Tat« (V. 694 f.), errege den Unmut der Thebaner. Sie würden sich dies nicht offen zu sagen trauen, seien aber heimlich auf der Seite Antigones – eine starke Behauptung von Haimon, deren Wahrheitsgehalt hinterfragt werden kann, schließlich ist als Vertretung der Thebaner nur der Chor auf der Bühne. In den folgenden Versen wird Haimons Kritik an Kreon noch offener: Er räumt die Möglichkeit ein, dass Kreon falsch liegen könnte (»Denn wer da glaubt, dass er allein vernünftig denkt, / […] all die entpuppen sich, entblößt man ihren Kern, als leer«, V. 707–709), aber auch die Möglichkeit, dass er aus diesem Gespräch lernen könnte, ohne seine Autorität zu schwächen. Dies wird wiederum durch zwei Bilder unterstrichen, das der Bäume im Winter (V. 712–714) und das des Seglers (V. 715–717), die nachgeben, um weiterzubestehen bzw. den Kurs zu wahren. Haimons Plädoyer lautet: »Darum gib nach und ändre deinen Eigensinn!« (V. 718) Der Chorführer versucht, ausgleichend zwischen den Parteien zu wirken, die beide »trefflich« gesprochen hätten und voneinander lernen könnten (V. 724 f.).

Es folgt eine längere Stichomythie, in der sich beide Positionen zunehmend verhärten und Kreon keinen Schritt auf Haimon zugeht. Er zweifelt an, dass er von seinem Sohn noch etwas lernen könnte, und weist es ab, »die Ordnungsbrecher« (V. 730) zu ehren. Indes versucht Haimon weiterhin, eine Begnadigung als Willen der Thebaner durchzusetzen und damit an Kreon als guten Herrscher zu appellieren, als der dieser sich sieht. In einer kurzen Passage wird die Frage verhandelt, ob der König dem Volk zu dienen habe oder eigene Entscheidungen treffen könne, in der damals noch jungen Demokratie Athens durchaus relevante Überlegungen. Kreon offenbart sich hier schnell als Einzelherrscher (*tyrannos*): »Soll ich zu anderm als dem eignen Nutzen dieses Land / regieren?« (V. 736); »[g]ilt denn der Staat nicht als des Herrschers Eigentum?« (V. 738) Haimon vertritt konsequent die Gegenposition, aus Sorge um den Vater, wie er sagt. Daran kann man ebenso zweifeln wie an Kreons anfänglichem Credo, nur der Polis dienen zu wollen. Die Situation eskaliert zunehmend, Kreon will Antigone vor den Augen seines Sohnes töten, der schließlich mit ihm bricht (V. 762–765) und abtritt. Abermals versucht der Chorführer mäßigend zu wirken, jedoch lediglich mit dem Erfolg, dass Kreon davon ablässt, Ismene töten zu wollen. Kreon fasst aber den Entschluss, Antigone in einer Höhle einzumauern und dort verhungern zu lassen.

Im antiken Drama findet sich oft der Höhepunkt der Handlung im 3. Epeisodion. Er kann, muss aber nicht zwingend auch in Antigone an dieser Stelle angesetzt werden. Die Stichomythie zwischen Haimon und Kreon gehört zweifellos zu den beeindruckendsten Passagen des Textes und wird oft eindrücklich inszeniert. Kreon entlarvt sich an dieser Stelle selbst und kann nicht mehr zum Bild des gütigen Herrschers (als der er noch in *König Ödipus* galt) zurückkehren. Dieser Punkt erfüllt also sehr wohl die Anforderungen an die Peripetie: Es ist der wesentliche Handlungsumschwung, durch den die fallende Handlung und damit die Katastrophe eingeleitet wird. Kreon spricht das Todesurteil aus und Antigone wird im nächsten Epeisodion abgeführt.

Unterrichtsverlauf

Überblick. Ziel dieser Unterrichtseinheit ist, zwei zentrale Konflikte zu verstehen: Den zwischen Kreon und Haimon und den zwischen Antigone und Ismene. Dies bereitet auf die spätere Beschäftigung mit dem zentralen Konflikt zwischen Antigone und Kreon vor, der sich in diesen beiden gewissermaßen spiegelt und später genauer behandelt wird. Zu Beginn steht eine leitfragengeleitete Analyse des Konflikts Haimon – Kreon, eine Bildbesprechung schafft die Brücke zurück zum Konflikt Antigone – Ismene. Die Figurenkonstellation grafisch zu gestalten hilft dabei, den Überblick zu bewahren, und bereitet auf spätere Analysen vor. **! Verkürzter Verlauf: 4.1 – 4.2 – 4.3**

Phase	Thema	Sozialform	Kompetenzen	Material
Voraussetzung: Lektüre der Tragödie bis einschließlich des 3. Stasimon (*Antigone*, Reclam XL, S. 37)				
4.1	Analyse von Haimons Monolog und der Stichomythie mit Kreon	EA / UG	• Gesprächsverlauf nachvollziehen • Figurenmotivation verstehen	ARBEITSBLATT 4a ➤ S. 34 VORLAGE 4a ➤ S. 30
4.2	Bild von Antigone und Ismene analysieren	UG	• Ein Kunstwerk beschreiben	VORLAGE 4b ➤ S. 31
4.3	Ismene und Antigone kontrastieren	PA / UG	• Zwei Figuren kontrastieren unter Einbezug der Bildanalyse	ARBEITSBLATT 4b ➤ S. 36 TAFELBILD 4a ➤ S. 32
4.4 **fakultativ**	Bild und Text gemeinsam interpretieren	EA / GA	• Ein Bild in Beziehung zum Text setzen und vergleichen	VORLAGE 4c ➤ S. 33 TAFELBILD 4a ➤ S. 32
4.5 **fakultativ**	Figurenkonstellation zeichnen	GA	• Analytisch-produktive Fähigkeiten unter Nutzung bisheriger Informationen schulen	ARBEITSBLATT 4c ➤ S. 37
HA	Lektüre bis einschließlich des 5. Epeisodion			ARBEITSBLATT 1b ➤ S. 11 *Antigone*, Reclam XL, S. 37–49

4.1 Analyse von Haimons Monolog und der Stichomythie mit Kreon

EA / UG

VORLAGE 4a ➤ S. 30
ARBEITSBLATT 4a ➤ S. 34

Unterrichtsschritt. Einen kurzen Einstieg in die Unterrichtsstunde bietet VORLAGE 4a ***Haimon und Kreon***, ein Bild der *Antigone*-Inszenierung von Theater Wolkenflug (Klagenfurt). Sie kann während der folgenden Analyseaufgabe projiziert werden. Haimon, Kreons Sohn, versucht diesen davon zu überzeugen, Antigone freizulassen. In Einzelarbeit beschäftigt sich die Lerngruppe im Detail mit dem Text und versucht, die Opposition der beiden zu analysieren. Dies soll mittels Notizen auf dem ARBEITSBLATT 4a ***Haimon vs. Kreon*** geschehen. Im Anschluss werden die Ergebnisse im Unterrichtsgespräch besprochen, was Anregung zu Interpretationen geben kann.

Erläuterung. Der Dialog zwischen Haimon und Kreon entblößt Kreons wahre Intention. Haimon lockt zunehmend aus ihm hervor, dass er kein wohlwollender Herrscher ist, sondern (auch) aus eigenen Interessen handelt, dass ihm die Macht zu Kopfe steigt (zur Vertiefung vgl. Peter von Matts Analyse in: *Antigone*, Reclam XL, S. 102–106).

VORLAGE 4a

Haimon und Kreon

Antigone. Inszenierung Ute Liepold, Theater Wolkenflug, Magdalensberg, 2017.
Markus Achatz als Haimon, Marcus Thill als Kreon; im Hintergrund: Gernot Piff als Chor.
Foto © theater wolkenflug

4.2 Bild von Antigone und Ismene analysieren

Unterrichtsschritt. Durch die VORLAGE 4b *Antigone und Ismene* wird der Lerngruppe der Prologos und das 1. Epeisodion wieder gegenwärtig und damit auch die gegensätzliche Konstellation der beiden Schwestern Antigone und Ismene. Im Unterrichtsgespräch soll das Bild gemeinsam beschrieben und analysiert werden. Wenn der fakultative Unterrichtsschritt 4.4 durchgeführt wird, kann das Unterrichtsgespräch kurz und wenig interpretierend ausfallen, wenn nicht, kann das Bild vertieft besprochen werden.

UG

VORLAGE 4b

➤ S. 31

Leitfragen:
1. Wer ist dargestellt?
2. Wie werden die beiden dargestellt?
3. Wodurch unterscheiden Sie sich?
4. Was bedeuten die Haltung/Kleidung/Gesichtsausdruck?
5. Was hat diese Darstellung mit Antigone und Ismene in Sophokles' Tragödie zu tun?

Erläuterung. Zu sehen ist auf diesem Holzstich, angefertigt nach einem Gemälde von Emil Teschendorff (1833–1894), wie Ismene versucht, Antigone davon abzuhalten, ihren Bruder zu bestatten. Schwarz war auch schon in der griechischen Antike die Farbe der Trauerbekleidung (Ulrich Volp, *Tod und Ritual in den christlichen Gemeinden der Antike*, Leiden/Boston: Brill 2002, S. 130), so auch im 19. Jahrhundert, aus dem die Darstellung stammt. Antigone ist also offen in Trauer um ihre beiden Brüder. Sie blickt entschlossen, hart, vielleicht sogar ein wenig verächtlich drein. Sie sieht zwar auf Ismene zurück, ihr Körper ist aber bereits abgewandt. In der linken Hand hält sie eine Amphore für die Waschung des Toten und die Bestattungsrituale. Mit der anderen Hand versucht sie vielleicht, Ismene Einhalt zu gebieten. Diese hingegen ist ganz Antigone zugewandt und hält sie mit beiden Händen an den Schultern fest, will sie wohl davon abhalten, den Bruder zu bestatten.

VORLAGE 4b

Antigone und Ismene

Aus: Ebenezer Cobham Brewer, *Character Sketches of Romance, Fiction and the Drama*, 1892.

4.3 Ismene und Antigone kontrastieren

PA / UG

ARBEITSBLATT 4b
➤ S. 36
TAFELBILD 4a
➤ S. 32

Unterrichtsschritt. Die Lerngruppe erarbeitet mit Hilfe von ARBEITSBLATT 4b ***Antigone vs. Ismene*** in Partnerarbeit eine Charakterisierung der Figuren Ismene und Antigone, die den ersten wesentlichen Konflikt der Tragödie austragen. Dabei sollen die Schülerinnen und Schüler gezielt im Prologos und dem 1. Epeisodion nachlesen und die Merkmale der Figuren durch Zitate belegen. Im Laufe des anschließenden Unterrichtsgesprächs kann TAFELBILD 4a im Dialog mit den Paaren entstehen, um die Ergebnisse festzuhalten und für die folgenden Aufgaben zur Verfügung zu haben.

Erläuterung. Die Figurencharakterisierung geschieht im Drama entweder explizit, aber nicht durch eine Erzählinstanz, sondern durch andere Figuren, oder implizit durch die Handlung der Figuren. Anders als bei Prosa gibt es also keine vermittelnde Erzählinstanz, die Charakterisierung geschieht unmittelbar durch das, was Figuren sprechen und tun, und das, was das Publikum wahrnimmt. Unter Umständen wird es dadurch für Schülerinnen und Schüler schwieriger, die Merkmale einer Figur zu erarbeiten.

TAFELBILD 4a

Antigone	Ismene
• liebt den Bruder; will ihn würdig bestatten • stellt Ismene vor die Wahl, ihr zu helfen • liebt ihre Schwester, behandelt sie aber hartherzig • rebellisch • stellt göttliches Recht über menschliches • rechnet mit der Todesstrafe • entschlossen • weiß um das Gesetz Kreons, setzt sich darüber hinweg • stolz auf ihre Tat • radikal • widerständig • ziviler Ungehorsam • Idealismus	• liebt den Bruder; ist nicht bereit, Kreons Gesetz zu übertreten • ihrer Schwester gegenüber loyal, will sie aber von der verbotenen Tat abhalten • nimmt die Schuld an der Bestattung auf sich • bereit, mit Antigone zu sterben • Selbstlosigkeit • bedacht auf ihre Rolle als Frau (V. 61 f.) • hinterfragt Kreon nicht • sanft, gemäßigt • angepasst • rational • Pragmatismus

4.4 Bild und Text gemeinsam interpretieren (fakultativ)

EA / GA

VORLAGE 4c
➤ S. 33
TAFELBILD 4a
➤ S. 32

Unterrichtsschritt. Die Lerngruppe überlegt anhand von VORLAGE 4c ***Bildinterpretation*** zuerst in Einzelarbeit, wie man das Bild interpretieren kann, und nutzt dafür den Text des Prologos unterstützend. Danach finden sich Kleingruppen von vier bis fünf Personen und gleichen ihre Antworten ab. Gemeinsam soll ein kurzer Text entstehen, der die Fragen im Wesentlichen beantwortet. Unterschiedliche Deutungen können produktiv für unterschiedliche Interpretationen genutzt werden.

Erläuterung. Fokus des Bildes ist der Kontrast zwischen den Schwestern. Gerade weil es vermeintlich einfach ist, hält es viele Möglichkeiten zur Deutung bereit. Die weiße Kleidung der Ismene kann z. B. dafür stehen, dass sie nicht (offiziell) trauert, oder auch als Blick in die Zukunft, Ismene als Hoffnungsträgerin, gedeutet werden. Aus ästhetischer Sicht bildet das weiße Gewand einen bildlich spannenden Kontrast zu Antigone, der die Opposition der beiden Figuren im Drama widerspiegelt. Da Antigone dem rechten Bildrand zugewendet ist, kann man interpretieren, dass sie ihrer zukünftigen Tat zugewandt ist. Im Gegensatz zur eher statischen Antigone wird Ismene in Bewegung dargestellt, was auch auf ihren Charakter hindeuten kann, im Sinne dessen, dass sie flexibler ist, dass sie sich eher anpasst, weniger starrsinnig ist, weniger Widerstand zeigt.

VORLAGE 4c

Bildinterpretation

- Welche Szene ist dargestellt?
- Wie ist die Umsetzung der Opposition durch den Künstler zu bewerten?
- Was bedeuten die unterschiedliche Kleidung und die Haltung?
- Worin bestehen die wesentlichen Unterschiede der Schwestern? Welche vertritt welche Idee?

4.5 Figurenkonstellation zeichnen (fakultativ)

Unterrichtsschritt. Die Schülerinnen und Schüler rekapitulieren die bisherige Handlung mit ARBEITSBLATT 4c ***Figurenkonstellation visualisieren*** durch die Gestaltung der Figurenkonstellation in Kleingruppen. Dies regt sie zum Austausch über ihr bisheriges Textverständnis an. Bisher erworbene Wissensmengen können abgeglichen werden und die Schülerinnen und Schüler können ihre bisherigen Textkenntnisse vertiefen. Ein Lösungsvorschlag für die Figurenkonstellation am Ende des Dramas findet sich im Anhang.

GA

ARBEITSBLATT 4c
➤ S. 37
Lösungshinweise
➤ S. 92

Erläuterung. »Es gibt verschiedene Notationssysteme, die sich in der Literaturwissenschaft und im Literaturunterricht für die Visualisierung der Figurenkonstellation etabliert haben. Die Relationen der Figuren zueinander – Verwandtschaftsverhältnisse, Freundschaft, Feindschaft, Trennung, Scheidung – können dabei anhand von Grafiken dargestellt werden. Sie verschaffen einen (ersten) Überblick über das Figurengeflecht eines Textes und können als Erinnerungshilfe dienen (z.B. in der Abiturvorbereitung)« (Markus Pissarek, »Merkmale der Figur erkennen und interpretieren«, in: *Auf dem Weg zur literarischen Kompetenz*, hrsg. von Anita Schilcher und Markus Pissarek, Baltmannsweiler: Schneider Verlag Hohengehren, [3]2015, S. 146 f.).

Hausaufgabe

ARBEITSBLATT 1b
➤ S. 11

Lektüre bis einschließlich des 5. Epeisodion (*Antigone*, Reclam XL, S. 37–49). Die Bearbeitung von ARBEITSBLATT 1b ***Lektüreprotokoll zu Sophokles: »Antigone«*** wird fortgesetzt.

Haimon vs. Kreon

HAIMON. […]
Mir aber steht es frei, im Dunkeln zu erlauschen,
wie sehr die Stadt um dieses Mädchen klagt:
dass sie, die es von allen Fraun zuletzt verdient,
aufs schlimmste sterben soll für eine höchst ruhmreiche Tat,
sie, die nicht unbestattet ließ den eignen Bruder,
der in blutgem Kampfe fiel, und die's nicht hinnahm,
dass Hunde, Rohes fressend, ihn zerrissen oder Vögel.
Ist die nicht goldne Ehre zu erlangen wert?
So dringt die Rede dunkel und im Stillen vor.
Dass es dir wohlergehe, Vater,
ist mir ein Gut, so kostbar wie kein anderes.
Denn welch ein größres Kleinod gibt's für Kinder,
als dass im Ruhm der Vater blüh, und für den Vater seiner Kinder Ruf?
Drum heg nicht *eine* Denkart nur in dir,
dass bloß, was *du* sagst, und nichts andres richtig sei.
Denn wer da glaubt, dass er allein vernünftig denkt,
begabt mit Redekraft und Seelenadel wie kein zweiter –
all die entpuppen sich, entblößt man ihren Kern, als leer.
Doch dass ein Mann, auch wenn er klug ist, vieles lernt
und nicht den Bogen überspannt, hat nichts Verwerfliches.
Du siehst, wie an zur Winterszeit geschwollnen Bächen
die Bäume, die sich biegen, sich ihr Astwerk retten,
die aber sich entgegenstemmen, reißt's samt Wurzeln fort.
Desgleichen, wer als Lenker eines Schiffs das Segeltau
straff spannt und nie es lockert, kentert bald
und setzt kieloben künftig seine Reise fort.
Darum gib nach und ändre deinen Eigensinn!
Denn kommt auch mir, dem Jüngern, eine Meinung zu,
so ist, behaupte ich, weitaus das Beste, wenn
ein Mann ganz ausgefüllt mit Einsicht in das Leben tritt;
doch sonst – denn in der Regel fällt's ja anders aus –
ist es auch gut, von dem, der trefflich rät, zu lernen.
CHORFÜHRER. Herr, dir stünd es an, wofern sein Wort ins Schwarze trifft,
von ihm zu lernen und auch du von ihm; denn trefflich spracht ihr beide.
KREON. In unserm Alter soll'n wir also noch Vernunft
uns lehren lassen von so jungem Mann?
HAIMON. Nichts, was nicht rechtens wär! Bin ich auch jung, so soll man nicht
mehr auf das Alter sehn als auf die Taten.
KREON. Und »Tat«, das heißt: dass man die Ordnungsbrecher ehrt?
HAIMON. Die Schlechten ehren? Auch nicht raten würde ich dazu!
KREON. Ist diese denn von solcher Krankheit nicht befallen?
HAIMON. Das ganze Volk von Theben hier bestreitet das.

KREON. Dann will die Stadt mir sagen, was ich zu verfügen hab?
HAIMON. Siehst du, wie allzu jungenhaft du dieses sagst?
KREON. Soll ich zu anderm als dem eignen Nutzen dieses Land regieren?
HAIMON. Das ist kein Staat, der nur dem Vorteil *eines* Mannes dient.
KREON. Gilt denn der Staat nicht als des Herrschers Eigentum?
HAIMON. Wie schön regiertest du allein ein leeres Land!
KREON. Der steht, wie's scheint, im Kampfbund mit dem Weib!
HAIMON. Wenn du das Weib bist; denn in Wahrheit sorg ich mich um dich.
KREON. Indem du mit dem Vater rechtest, Schuft?
HAIMON. Ja, denn ich seh, wie widerrechtlich du schlimm fehlst.
KREON. So fehl ich, wenn nach heilger Pflicht ich meine Macht ausüb?
HAIMON. Heilge Pflicht – wenn du der Götter Ehren niedertrittst?
KREON. Abscheuliche Gesinnung, hörig einem Weib!
HAIMON. Doch niemals träfest du mich an als Knecht der Schande!
KREON. Dein ganzes Reden immerhin gilt ihr allein!
HAIMON. Und dir und mir und auch den Göttern drunten.
KREON. Du wirst unmöglich dich, solang sie lebt, mit ihr vermählen.
HAIMON. So wird sie sterben denn, und sterbend einen töten!
KREON. Sogar mit frecher Drohung rückst du mir zu Leibe?
HAIMON. Gegen hohles Reden anzureden, heißt das drohen?
KREON. Mich zum Verstand zu bringen, reut dich noch, bist du doch selbst hohl im Verstand!
HAIMON. Wärst du mein Vater nicht, ich spräch, du bist nicht recht bei Trost!
KREON. Du eines Weibes Knecht, schwatz mich nicht tot!
HAIMON. Nur reden, reden willst du und nichts hören?
KREON. Wirklich? Beim Olymp dort oben, dessen sei gewiss,
wirst du nicht weiter ungestraft mich tadeln und beschimpfen!
Zu den Begleitern.
Schafft her die hassenswerte Kreatur, dass sie vor seinen Augen auf der Stell
in seinem Beisein sterbe, nah dem Bräutigam!
HAIMON. Nie wird sie, dieses schlag dir aus dem Sinn,
in meiner Nähe untergehn, noch wirst du je
mein Haupt vor deinen Augen wiedersehn;
dann ras mit denen deiner Freunde, welche dir gefügig sind!
Haimon eilt hinweg.

Arbeitsaufträge:

Bearbeiten Sie die folgenden Arbeitsaufträge und nutzen Sie den Text für Notizen, die bei der Beantwortung der folgenden Fragen helfen können:

1. Wie sieht Kreon seinen Sohn, wie sieht Haimon seinen Vater?
2. Wodurch entsteht die Opposition zwischen Haimon und Kreon? Wer verfolgt welches Ziel? Wer hat welche Intention?
3. Wer vertritt wessen Interessen?
4. Zeichnen Sie die Argumentation Haimons nach. Wie versucht er, seinen Vater zu überzeugen? Analysieren Sie dazu den Monolog V. 692–723.

Antigone vs. Ismene

Ismene hatte bereits im 2. Epeisodion ihren letzten Auftritt im Drama. Bereits im Prologos wird klar, dass sie und Antigone eng verbunden, aber in vielerlei Hinsicht unterschiedlich sind. Fassen Sie die Merkmale von Antigone und Ismene in Stichworten zusammen und versuchen Sie, sie dabei vergleichend zu betrachten. Worin ähneln sie sich, was ist unterschiedlich? Belegen Sie die Merkmale mit Textstellen (direkte Zitate mit »…« kennzeichnen).

Antigone	Ismene

ARBEITSBLATT 4c

Figurenkonstellation visualisieren

Mögliche Elemente der Figurenkonstellation:

○	weibliche Figur
△	männliche Figur
□	Geschlecht nicht bekannt
┬	Abstammung
══	eheliche, legitime Beziehung
= =	nichteheliche, illegitime Beziehung
= ⇒	einseitig
//	Trennung, Scheidung
1 2 3	Reihenfolge von Beziehungen
( )	Tod vor Einsatz der Darstellung
[ ]	Tod während dargestellter Geschichte
*	Erläuterungen, etwa bezüglich der Todesart
	andere Beziehungen:
——→	Freundschaft
- - - -→	Feindschaft
?	aus dem Text nicht eindeutig

Nach: Markus Pissarek, »Merkmale der Figur erkennen und interpretieren«, in: *Auf dem Weg zur literarischen Kompetenz*, hrsg. von Anita Schilcher und Markus Pissarek, Baltmannsweiler: Schneider Verlag Hohengehren, [3]2015, S. 146 f.

Beispiel: Figurenkonstellation im Märchen *Rotkäppchen*

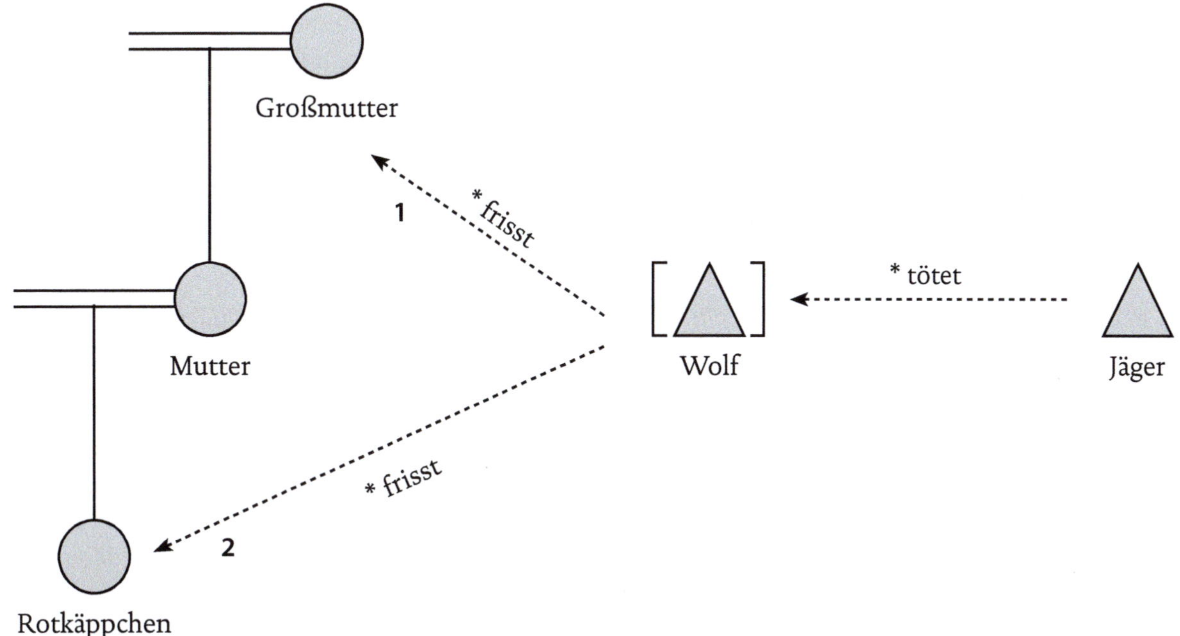

Arbeitsaufträge:

1. Versuchen Sie, die Figurenkonstellation im Drama *Antigone* zu visualisieren. Sie können dafür auch die Übersicht zu Beginn des Dramas heranziehen, aber versuchen Sie auch, Figuren einzubeziehen, die im Text nur erwähnt wurden, aber nicht auftreten.
2. Noch nicht alle Figuren sind vorgekommen – was wissen Sie über die übrigen? Welche Vermutungen haben Sie über den weiteren Verlauf der Tragödie und ihre Rolle darin? Zeichnen Sie auch diese ein (mit »?«).

5 Den Seher Teiresias und seine Funktion verstehen

Sachanalyse

5. Epeisodion: Der blinde Seher Teiresias tritt auf, geführt wird er von einem Jungen (»mit Hilfe eines Führers«, V. 990). Teiresias wurde durch Hera geblendet. Er erfüllt in dieser Tragödie eine interessante Funktion, die sich mit der in *König Ödipus* in Verbindung bringen lässt: Er repräsentiert den offenen Widerstand gegen König Kreon und kann sich als Seher erlauben, Dinge zu sagen, die die Thebaner nicht könnten. Er wird so zur Stimme der Vernunft.

Teiresias ist für Kreon eine Vertrauensperson, auf die er hört und die ihn schon lange berät: »Auch früher wich ich nie von deinem Denken ab« (V. 993). Darin mag auch sein bisheriger Erfolg als Herrscher begründet liegen: »Drum lenktest du auf grader Bahn das Schiff der Stadt« (V. 994), weist ihn Teiresias auf seinen Anteil an Kreons Erfolg hin. Teiresias erzählt von einem Problem: Er wollte die Vogelschau durchführen, eine Wahrsagekunst, durch die im Flug der Vögel die Zukunft erkundet werden kann. Am Ort der Vogelschau werden Opfertiere auf Altären dargebracht, um die Götter günstig zu stimmen. Teiresias' Opferfeuer brannte zwar, aber die dargebrachten Opfertiere wurden nicht angenommen und verbrannten nicht (»Aus den Opfergaben aber / erstrahlte nicht Hephaistos«, V. 1006 f.). Davon berichtet Teiresias mit einigem Detailreichtum, doch: »Zunichte wurde mein Weissagen, da die Opferriten / zeichenlos geblieben« (V. 1013). Dies führt er darauf zurück, dass die Opferherde durch die Überreste von Polyneikes entheiligt wurden: »Denn die Altäre und hochheilgen Opferherde sind uns jetzt / besudelt durch der Vögel und der Hunde Fraß / am Leib von Ödipus' gefallnem Unglückssohn« (V. 1016–18). Dies missfalle den Göttern. Teiresias empfiehlt Kreon, seine Entscheidung zu überdenken: »Denn den Menschen / insgesamt gemeinsam ist das In-die-Irre-Gehen« (V. 1023 f.). Auch die von Haimon als Metapher aufgebrachte Idee, sich zu beugen, um weiterzubestehen, spricht Teiresias an: »Wenn einer aber in die Irre ging, ist er nicht länger / ein gedankenloser oder glückverlassner Mann, der, falls ins Unglück / er sich stürzte, Heilung sucht und sich nicht unbeugsam verhält« (V. 1025–27). Auch Teiresias empfiehlt Kreon also, nachzugeben und aus seinen Taten zu lernen: »Drum gib dem Toten nach und stich nicht weiter ein / auf den, der umgekommen!« (V. 1029 f.) Kreon sieht nun auch in Teiresias einen Verschwörer und möchte ihm nicht nachgeben. Abermals vermutet er Bestechung. Teiresias leistet dieser Ansicht Widerstand und macht sich nun auch seine Macht zunutze: »KREON. Ist dir bewusst, dass es der Herrscher ist, von dem du all dies sagst? / TEIRESIAS. Ja, denn durch mich hast du die Stadt gerettet, übst die Herrschaft aus« (V. 1057 f.). Kreon beharrt auf der Idee eines Komplotts, bis Teiresias den Tod eines seiner Nachkommen voraussagt: »Doch du mach klar dir, dass du nicht mehr allzu oft / der Sonne raschen Umlauf wirst erleben, / bis einen Toten du, entsprosst aus deinen Lenden, / den Toten zum Entgelt erstatten musst« (V. 1064–1067). Denn für Teiresias kommt es einzig und allein den Göttern zu, über Recht und Unrecht eines menschlichen Handelns zu entscheiden, darum seien die Rachegeister bereits auf Kreon aufmerksam geworden. Teiresias lässt sich vom Knaben wegführen.

Der Chorführer versucht nun, Kreon umzustimmen: Teiresias habe bisher immer recht behalten (V. 1091–1094) – nach kurzem Dialog mit ihm entscheidet sich Kreon, Antigone aus dem Felsengrab zu befreien und Polyneikes bestatten zu lassen. Der Chorführer drängt angesichts von Teiresias' Prophezeiung zur Eile. Kreon will sich nicht länger über die Gesetze der Götter stellen, er scheint nun doch noch gelernt zu haben: »die bestehenden Gesetze / zu wahren, ist das beste, bis an unsres Lebens Ziel« (V. 1113 f.). Dies ist der Punkt der Tragödie, an dem man kurz Hoffnung schöpft, dass alles noch gut ausgehen könnte, das retardierende Moment. Es ist allerdings trügerisch, denn ein »Happy End« würde keine Katharsis ermöglichen. Wem das antike Drama vertraut ist, der wird erkennen, dass die Handlung trotz allem auf die Katastrophe zuläuft, damit das Publikum Katharsis erlangen kann.

Unterrichtsverlauf

Überblick. Teiresias ist eine Figur, die in antiken Texten immer wieder vorkommt, so auch im *König Ödipus*. Die Lerngruppe soll den Wahrsager, seine Funktion im Text und seine Vorgeschichte kennenlernen und dadurch verstehen, welch dichtes Geflecht die griechische Mythologie darstellt. Gleichzeitig erfüllt der Seher in beiden Dramen Schlüsselfunktionen für die Handlung: Die Lerngruppe lernt, ihn als narratives Konstrukt, das die Handlung vorantreibt, zu erkennen. ! **Verkürzter Verlauf: 5.1 – 5.2 – 5.4**

Phase	Thema	Sozialform	Kompetenzen	Material
Voraussetzungen: Lektüre bis einschließlich des 5. Epeisodion (*Antigone*, Reclam XL, S. 49)				
5.1	Figurenkonstellation erweitern	PA / UG	• Textstelle in konzeptuelles Wissen überführen	ARBEITSBLATT 1b ➤ S. 11 ARBEITSBLATT 4c ➤ S. 37
5.2	Teiresias: Schlangentöter und Sexperte	EA / UG	• Ein antikes literarisches Motiv kennenlernen	VORLAGE 5a ➤ S. 40 ARBEITSBLATT 5a ➤ S. 43
5.3 **fakultativ**	Szenische Umsetzung: Teiresias als Meteorologe	GA	• Kreativ-produktive Umsetzung einer Szene • Sich in unterschiedliche Rollen versetzen und sie szenisch umsetzen	VORLAGE 5b ➤ S. 41
5.4	Teiresias, Kreon, Ödipus	GA / UG	• Unterschiedliche Texte miteinander vergleichen • Teiresias' Funktion erkennen	ARBEITSBLATT 5b ➤ S. 44
HA	Lektüre des 5. Stasimon			ARBEITSBLATT 1b ➤ S. 11 *Antigone*, Reclam XL, S. 49 f.

5.1 Figurenkonstellation erweitern

Unterrichtsschritt. Die Schülerinnen und Schüler erweitern nach Rekapitulation des Inhalts des 5. Epeisodion, das als Hausaufgabe gelesen wurde (ARBEITSBLATT 1b ***Lektüreprotokoll zu Sophokles: »Antigone«***), und mit Hilfe von ARBEITSBLATT 4c ***Figurenkonstellation visualisieren*** in Partnerarbeit die Figurenkonstellation, die sie in der 4. Stunde begonnen haben, um Teiresias. Im Unterrichtsgespräch wird geklärt, wie sich die Handlung nun verändert hat. Auch Vermutungen über den Ausgang des Dramas können angestellt werden. Gibt es Schülerinnen und Schüler, die nun an einen guten Ausgang des Dramas glauben?

PA / UG

ARBEITSBLATT 1b ➤ S. 11
ARBEITSBLATT 4c ➤ S. 37

5.2 Teiresias: Schlangentöter und Sexperte

Unterrichtsschritt. Die Lerngruppe lernt anhand der VORLAGE 5a ***Teiresias in Ovids »Metamorphosen«*** und des ARBEITSBLATT 5a ***Ovid, »Metamorphosen« 3,316–338*** die Vorgeschichte des Teiresias kennen. Die Schülerinnen und Schüler lesen zuerst den Text und versuchen im Unterrichtsgespräch, die Bilder einzuordnen und zu interpretieren.

Leitfragen:
1. Was ist auf den Bildern zu sehen?
2. Wie wirkt Teiresias?
3. Welche Eigenschaften hat er?
4. Wie hängt sein Auftritt in *Antigone* mit dem Text der *Metamorphosen* zusammen?

EA / UG

VORLAGE 5a ➤ S. 40
ARBEITSBLATT 5a ➤ S. 43

VORLAGE 5a

Teiresias in Ovids *Metamorphosen*

Teiresias erschlägt zwei kopulierende Schlangen, nach Hendrick Goltzius, 1615. Aus: Ovids *Metamorphosen.* Rijksmuseum, Amsterdam. – CC0 1.0 Universell

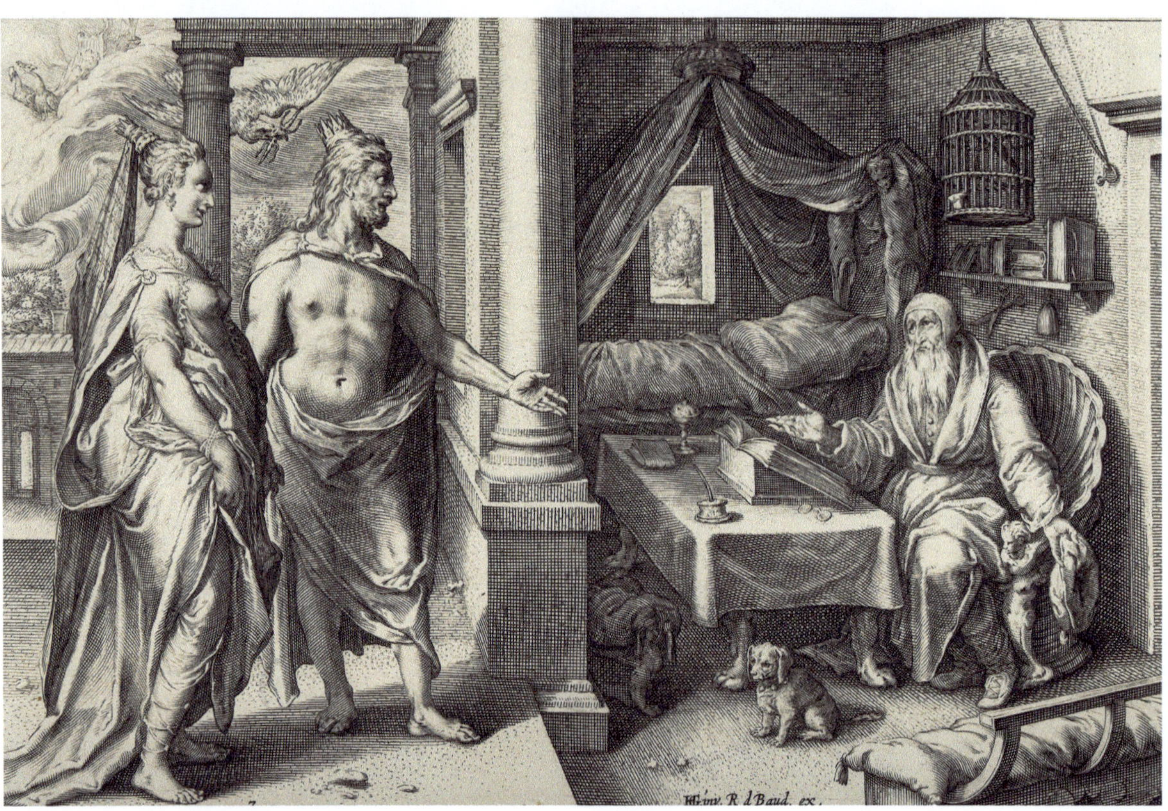

Jupiter und Juno befragen Teiresias, nach Hendrick Goltzius, 1615. Aus: Ovids *Metamorphosen.* Rijksmuseum, Amsterdam. – CC0 1.0 Universell

Erläuterungen. Das Unterrichtsgespräch soll die Geschichte des Teiresias klären und bewusstmachen, dass er eine oft rezipierte literarische Figur ist, die in zahlreichen Texten vorkommt.

Zu den Abbildungen der VORLAGE 5a: Beide Bilder sind Illustrationen der *Metamorphosen* und stammen aus der Werkstatt des niederländischen Künstlers Hendrick Goltzius (1558–1617). Sie befinden sich in der Sammlung des Rijksmuseums Amsterdam.

Das erste Bild zeigt, wie Teiresias zu seinen seherischen Fähigkeiten kam. Als er durch den Wald ging, traf er auf zwei kopulierende Schlangen und war durch diesen Anblick so empört, dass er eine davon mit seinem Stock erschlug. Diese Begebenheit ist im Vordergrund des Stiches zu sehen. Daraufhin verwandelte sich Teiresias in eine Frau. Nach sieben Jahren ging sie durch denselben Wald und traf an derselben Stelle wiederum auf zwei kopulierende Schlangen, von denen sie wiederum eine mit dem Stock erschlug. Daraufhin verwandelte sich Teiresias wieder in einen Mann, dies ist links des Eichenbaumes, der die Bildmitte dominiert, dargestellt. Offenbar stand die Verwandlung mit dem Geschlecht der Schlange in Verbindung, die er erschlagen hatte. Im Hintergrund rechts des Eichenbaumes ist wahrscheinlich die Stadt Theben abgebildet, der Teiresias vermutlich entstammte, worauf sein Beiname »der Thebaner« in Homers *Odyssee* schließen lässt, wenn auch sein Geburtsort nirgends explizit erwähnt wird. (Vgl. Karl Buslepp, »Teiresias«, in: *Ausführliches Lexikon der griechischen und römischen Mythologie*, hrsg. von Wilhelm Heinrich Roscher, Bd. 5, Leipzig 1924, Sp. 178–180.)

Zum zweiten Bild: Seine seherischen Fähigkeiten erlangte Teiresias laut Ovids Überlieferung so: Zeus (Jupiter) und Hera (Juno, Beiname Saturnia) stritten darüber, ob der Mann oder die Frau mehr Lust beim Geschlechtsverkehr empfinde. Zeus dachte, es sei die Frau, Hera schrieb dem Mann die größere Lust zu. Nur einer könnte diese Frage beantworten, und sie wandten sich an Teiresias als Experten. Dieser bestätigte Zeus und wurde dafür von Hera mit Blindheit gestraft. Zeus aber verlieh ihm als Entschädigung die Sehergabe und ein langes Leben. (Vgl. ebd., Sp. 182–184; auch andere Sagen über den Grund für Teiresias' Blindheit und/oder Sehergabe sind dort nachzulesen.)

5.3 Szenische Umsetzung: Teiresias als Meteorologe (fakultativ)

Unterrichtsschritt. Diese optionale Aufgabe verlangt von den Schülerinnen und Schülern, selbst schauspielerisch aktiv zu werden: Die Lerngruppe bildet Kleingruppen von drei bis fünf Personen. Jede Gruppe erarbeitet gemeinsam eine kurze Szene gemäß VORLAGE 5b ***Arbeitsauftrag***. Je nach Zeit können Freiwillige ihre Szene vor der Lerngruppe vorspielen.

GA

VORLAGE 5b

➤ S. 41

VORLAGE 5b

Arbeitsauftrag

Erarbeiten Sie folgende Szene: Eine Sprecherin / ein Sprecher der Abendnachrichten stellt Teiresias, den neuen Meteorologen, vor. Es wird eine Liveschaltung zu den städtischen Altären eingerichtet, und Teiresias macht eine Vorhersage für das Wetter am nächsten Wochenende.

Verfassen Sie ein kurzes Skript für die Sprecherin / den Sprecher und Teiresias. Erarbeiten Sie die Szene schauspielerisch. Sie sollte nur 2–3 Minuten dauern.

Erläuterung. Zu erwarten ist, dass die Lerngruppe die mythologische Geschichte des Teiresias in ihre Vorstellung einbaut. Er sollte als blinder Seher dargestellt werden und die Vogel- oder Opferschau als Quelle seines Wissens nennen (vgl. *Antigone*, Reclam XL, S. 44 f.).

5.4 Teiresias, Kreon, Ödipus

GA / UG

Unterrichtsschritt. Die Lerngruppe erhält ARBEITSBLATT 5b ***Teiresias in »König Ödipus«***, VORLAGE 5c ***Inhalt des »König Ödipus«*** kann parallel projiziert (oder ausgeteilt) werden, um den Kontext des Arbeitsblatts zu klären. In Gruppenarbeit (drei bis fünf Personen) finden die Schülerinnen und Schüler anhand des Textes von Tei-

ARBEITSBLATT 5b

➤ S. 44

resias' Auftritt in *König Ödipus* Gemeinsamkeiten und Unterschiede in den beiden Dramen. Die Gruppen halten ihre Ergebnisse schriftlich fest. Die Funktion der Figur soll dargelegt werden: Teiresias spricht die Wahrheit, aber seine Gesprächspartner wollen sie nicht wahrhaben. Kreon lenkt nach Teiresias' Auftritt aber ein, während Ödipus ohne Verständnis zurückbleibt.

Erläuterung. Teiresias' Aufritt in *König Ödipus* geschieht bereits im 1. Epeisodion. Er setzt dort die Handlung erst in Gang, indem er Ödipus dazu rät, den Mörder seines Vaters zu suchen, der er selbst ist. Obwohl es Teiresias offen sagt, glaubt ihm Ödipus nicht. Teiresias schlagen Beschimpfungen und Vorwürfe entgegen: »Mit seinem [Teiresias'] Namen untrennbar verbunden ist der Topos, daß ihm bei seinem Wahrsagen Parteilichkeit, Lüge und Eigensucht unterstellt werden und daß seine Antagonisten immer erst dann einsehen, daß er glaubwürdig ist, wenn es sie nichts mehr nützt. Sein Auftreten treibt die Handlung voran und gibt dem Zuschauer Einblick in die dem Protagonisten noch verborgenen Kausalketten« (Artikel »Teiresias«, in: Annemarie und Wolfgang van Ringsum, *Lexikon literarischer Gestalten: Fremdsprachige Literatur*, Stuttgart 1990, S. 576 f.).

VORLAGE 5c

Inhalt des *König Ödipus*

»König Ödipus. Tragödie.
Uraufführung: Athen um 456 v. Chr.

In Theben ist die Pest ausgebrochen. Hilfesuchend wenden sich Priesterschaft und Volk an König Ödipus, der vor Jahren die Stadt von der Sphinx befreite und so zum Herrscher wurde. Ödipus hat längst seinen Schwager Kreon zum Delphischen Orakel geschickt, um von dort Rat zu holen. Die Botschaft, die Kreon übermittelt, lautet, dass die Pest ursächlich mit dem Mord an Laios, dem Vorgänger des Ödipus in Theben, zusammenhänge und dass dieser Mord zu rächen sei. Ödipus stellt sich dem Auftrag und beginnt sofort mit den Untersuchungen. Bald muss er erkennen, dass er selbst der Mörder ist. Er hat einst, als er vom Delphischen Orakel kam, einen alten Mann in einem prachtvollen Wagen, der ihn vom Weg treiben wollte, erschlagen. Nun erfährt er nach und nach, dass dieser Mann auf dem stolzen Gefährt Laios, der Herrscher von Theben, war. Mehr noch: Es war sein eigener Vater, der ihn, Ödipus, als kleines Kind hatte aussetzen lassen, weil ein Orakelspruch vorausgesagt hatte, dass er durch seinen Sohn umkommen werde. Schließlich wird Ödipus klar, dass er nicht nur seinen Vater tötete, sondern dass er Iokaste, die Witwe des Laios, heiratete, die zugleich seine Mutter ist. So ist er, ohne es zu wissen, zum Grundübel der Stadt geworden. Angesichts der offenbar gewordenen Schande tötet sich Iokaste selbst, Ödipus sticht sich die Augen aus. Kreon übernimmt die Herrschaft in Theben. Ungewiss ist das Schicksal der Kinder von Ödipus und Iokaste: Polyneikes, Eteokles, Antigone und Ismene.«

Theodor Pelster: Lektüreschlüssel XL. Sophokles: Antigone. Stuttgart: Reclam, 2018. S. 83 f.

ARBEITSBLATT 1b
➤ S. 11

Hausaufgabe

Lektüre bis einschließlich des 5. Stasimon (*Antigone*, Reclam XL, S. 49 f.). Die Bearbeitung von ARBEITSBLATT 1b ***Lektüreprotokoll zu Sophokles: »Antigone«*** wird fortgesetzt.

ARBEITSBLATT 5a

Ovid, *Metamorphosen* 3,319–338

Tiresias*

»Mit Iuno, die für ihn Zeit hatte, scherzte er [Iuppiter] entspannt und sprach: ›Größer ist in der Tat die Lust, die ihr empfindet, als diejenige, die den Männern zuteil wird.‹ Sie streitet es ab. Man beschloss, den erfahrenen Tiresias um seinen Schiedsspruch zu bitten; kannte er doch die Liebe von beiden Seiten. Er hatte nämlich im grünen Walde zwei große Schlangen, die sich paarten, mit einem Stock geschlagen und verletzt. Aus einem Manne, o Wunder, zur Frau geworden, hatte er sieben Herbste erlebt; im achten sah er wieder dieselben Schlangen und sprach: ›Wenn ein Hieb auf euch so große Macht besitzt, das Geschlecht des Schlagenden ins Gegenteil zu verkehren, will ich euch jetzt wieder schlagen.‹ Er versetzte den Schlangen, die in der Tat dieselben waren, einen Hieb; seine frühere Gestalt und seine angeborene Erscheinung kamen zurück. Ihn wählt man also zum Schiedsrichter für den scherzhaften Streit. Er bestätigt Iuppiters Spruch. Saturnia soll sich dies mehr als billig zu Herzen genommen haben und nicht, wie es der Sache entsprochen hätte. So verurteilte sie die Augen ihres Richters zu ewiger Nacht. Doch der allmächtige Vater – darf doch kein Gott die Handlungen eines Gottes rückgängig machen – gab ihm anstelle des verlorenen Augenlichtes das Wissen um die Zukunft und milderte die Strafe durch diese Ehre.«

P. Ovidius Naso: Metamorphosen. Lat./Dt. Übers. und hrsg. von Michael von Albrecht. Stuttgart: Reclam, 1994 [u. ö.]. S. 149 f.

* lateinische Form von »Teiresias«

Arbeitsauftrag:
Wer ist Teiresias? Verfassen Sie einen Steckbrief mit seinen Merkmalen.

Teiresias in *König Ödipus*

ÖDIPUS. O der du alles begreifst, Teiresias, Sagbares,
Unsagbares, Himmlisches und auf Erden Wandelndes,
die Stadt – erblickst du sie auch nicht, so weißt du doch,
wie sehr mit Krankheit sie behaftet ist, vor der wir nur
in dir, Herr, den Beschützer und den Retter finden.
Denn Phoibos – wenn du's nicht schon hörtest von den Boten –
sandte, da wir zu ihm gesandt, als Antwort uns zurück, es könne
Erlösung von dieser Krankheit kommen nur,
wenn wir des Laios Mörder klar aufspürten,
sie dann töteten oder als Flüchtlinge aus dem Lande jagten.
Verweigre du nun nicht der Vögel Spruch
noch was du sonst an Wegen kennst der Seherkunst,
errette du dich selber und die Stadt, errette mich,
errette uns von all der Befleckung durch den Toten!
In deiner Hand sind wir. Dass helfe ein Mann,
mit allem, was er hat und kann, ist schönste Müh.
TEIRESIAS. Weh, wehe, Klarsehn: Wie furchtbar, wo es nicht
nützt dem Klarsehenden! Das war mir wohl bewusst,
doch habe ich's vergessen, sonst wär ich nicht hierher gekommen.
ÖDIPUS. Was ist? Wie mutlos du zu uns getreten bist!
TEIRESIAS. Lass mich nach Hause! Am leichtesten wirst du das Deine
und ich das Meine zu Ende tragen, wenn du mir gehorchst.
ÖDIPUS. Nicht nach Recht und Brauch sprachst du und nicht gewogen dieser
Stadt, die dich genährt, dass du ihr verweigerst diesen Spruch.
TEIRESIAS. Seh ich doch, wie auch dir dein Wort nicht zum Heil
ausschlägt! Dass dasselbe nicht auch mir geschehe …
ÖDIPUS. Nein, bei den Göttern, wenn du klarsiehst, so wende dich nicht ab,
denn alle liegen flehend wir dir hier zu Füßen!
TEIRESIAS. Ihr alle seht ja nicht … Doch ich, nein, nie
enthüll ich meine – nicht zu sagen deine – Übel!
ÖDIPUS. Was sagst du? Du weißt und willst nicht reden, hast vor,
uns preiszugeben und die Stadt zugrund zu richten?
TEIRESIAS. Ich will mich selbst und dich nicht quälen. Wozu dein
vergebliches Verhör? Du erfährst es nicht von mir.
ÖDIPUS. Wirst du nicht, Schlechtester der Schlechten – denn eines Steins
Natur selbst brächtest du zum Kochen – endlich reden?
So unerweichlich, unerbittlich zeigst du dich?
TEIRESIAS. Du geißelst meine Art, doch deine, die mit dir
zusammenwohnt, die hast du nicht erkannt, und tadelst mich!
ÖDIPUS. Wer geriete nicht in Zorn, wenn er solche Reden
hört, mit denen jetzt du diese Stadt entehrst?

TEIRESIAS. Kommen wird es von allein, deck ich's auch mit Schweigen zu.
ÖDIPUS. So musst du mir, was kommen wird, auch sagen!
TEIRESIAS. Ich möchte nichts mehr sagen. Tobe, wenn du willst,
darob im Zorn, und sei er noch so grimmig!
ÖDIPUS. O ja! Und auslassen werd ich nichts in meinem Zorn von dem,
was mir da dämmert. Wisse denn, mir scheint,
du hast die Tat mit ausgeheckt, sie mit verübt, nur dass
du nicht mit Händen mordetest – doch hättest du das Augenlicht,
die Tat auch, sagt' ich, stammt von dir allein!
TEIRESIAS. Wirklich? Ich fordere dich auf, bei dem Gebot,
das vorhin du verkündet hast, zu bleiben und vom
heutigen Tage an nicht diese hier mehr anzureden noch auch mich:
Denn dieses Landes heilloser Besudler bist du!
ÖDIPUS. So schamlos schleuderst du heraus dies
Wort? Und wie glaubst du, der Strafe dafür zu entrinnen?
TEIRESIAS. Ich bin entronnen! Nähr ich doch in mir die Kraft der Wahrheit.
ÖDIPUS. Von wem belehrt? Sicher nicht von deiner Kunst!
TEIRESIAS. Von dir! Du zwangst mich, wider Willen ja zu reden.
ÖDIPUS. Welch Wort? Sag's nochmals, damit ich's besser fasse!
TEIRESIAS. Hast du's denn vorher nicht begriffen? Oder suchst du mich mit deinen Worten herauszufordern?
ÖDIPUS. Nicht so, dass ich sagen könnte: Ich verstand's. So wiederhol es denn!
TEIRESIAS. Des Mannes Mörder, den du suchst, sag ich, bist du!
ÖDIPUS. Nicht dir zur Freude sagst du diesen Gräuel ein zweites Mal!
TEIRESIAS. Soll ich noch andres sagen, dass du dich noch mehr erzürnst?
ÖDIPUS. So viel du willst! In den Wind wird es gesprochen sein!
TEIRESIAS. Ahnungslos, sag ich, verkehrst mit deinen Nächsten du
in Schimpf und Schande und siehst nicht, wie tief du steckst im Übel!
ÖDIPUS. Du meinst, du könntest fröhlich stets so weiterreden?
TEIRESIAS. Ja, sofern es noch eine Kraft der Wahrheit gibt.
ÖDIPUS. Sie gibt's, nur nicht in dir! In dir ist diese nicht, da
blind du bist an Ohren, Geist und Augen.
TEIRESIAS. Und du unselig! Denn du verhöhnst an mir, was
jeder unter diesen an dir verhöhnen wird – und nur zu bald!
ÖDIPUS. Aus einer einzigen Nacht nur nährst du dich, so dass du weder mir
noch einem andern, der das Licht sieht, jemals schaden kannst.
TEIRESIAS. Es ist auch nicht dein Los, durch mich zu fallen, denn
Apollon ist genug, dem daran liegt, dies auszuführen.
ÖDIPUS. Sind das des Kreon oder deine Erfindungen?
TEIRESIAS. Kreon ist dir kein Unheil, sondern du dir selbst.
[...]
Ich sage dir, da du auch meine Blindheit hast verhöhnt:
Du hast zwar Augen und siehst doch nicht, wie tief du steckst im Übel,

nicht, wo du wohnst, und nicht, mit wem du hausest.
Weißt du, von wem du stammst? Ahnungslos bist du ein Feind
den Deinigen da unten und oben auf der Erde,
und doppelt treffend jagt dich einst aus diesem Land
furchtbaren Fußes der Mutter und deines Vaters Fluch,
dich, der jetzt noch volle Sehkraft hat, doch dann nur Dunkel sieht.
[…]
So bin ich von Geburt: wie dir scheint,
ein Narr, in den Augen der Eltern aber, die dich zeugten, ein kluger Mann.

ÖDIPUS. Wie, welchen Eltern? Bleib! Wer hat mich gezeugt?

TEIRESIAS. Der heutige Tag wird zeugen dich – und auch vernichten!

ÖDIPUS. Wie alles du zu rätselhaft und dunkel sagst!

TEIRESIAS. Bist demnach du der Beste nicht, um dies herauszufinden?

ÖDIPUS. Verhöhne nur, worin du groß mich finden wirst!

TEIRESIAS. Gerade dieser Erfolg indes hat dich vernichtet.

ÖDIPUS. Doch hab ich diese Stadt gerettet, so kümmert es mich nicht.

TEIRESIAS. So geh ich denn, und du, Knabe, bring mich fort!

Sophokles: König Ödipus. Übers. von Kurt Steinmann. Hrsg. von Mario Leis. Stuttgart: Reclam, 2015 [u.ö]. S. 17–23. [V. 300–444.]

Arbeitsaufträge:

Vergleichen Sie den Auftritt des Teiresias in *König Ödipus* und *Antigone*:

1. Wodurch wird Teiresias' Auftreten veranlasst?
2. Was hat er mitzuteilen und wie sagt er es?
3. Wie reagieren Teiresias' Gesprächspartner?
4. Welche Funktion erfüllt Teiresias im jeweiligen Drama?

6 Sich eine Textstelle durch *close reading* erschließen

Sachanalyse

Das 5. Stasimon ist ein Loblied des Chors für Dionysos. Es ist bestimmt eines der komplexesten Lieder in diesem Text und erfordert genaue Bearbeitung. Die griechischen Tragödien wurden bei den Dionysien, also diesem Gott geweihten Festen, aufgeführt, daher finden sich in ihnen viele mehr oder weniger direkte Bezüge zur Gottheit. Dionysos ist »[v]ielnamig[ ]« (V. 1115), einige dieser Namen werden im Lied auch erwähnt: »Bakcheus« (V. 1121) und »Iakchos« (V. 1152). Dionysos ist Sohn von Semele, einer Tochter von Thebens Gründer Kadmos und seiner Frau Harmonia (»der kadmeischen Jungfrau Kleinod und Stolz«, V. 1115), deren Eltern Ares und Aphrodite schon im 4. Epeisodion um Hilfe angerufen wurden. Dionysos' Vater ist Zeus, der Semele in sterblicher Form erschienen war. Zeus' Frau Hera missfiel diese Affäre, und sie stiftete Semele dazu an, Zeus zu überreden, sich ihr in seiner göttlichen Form zu zeigen. Dies tat er, doch weil Sterbliche die Götter nicht sehen dürfen, wurde Semele augenblicklich von Zeus' Blitzen getroffen und getötet. Auf diese Begebenheit wird in Vers 1139 angespielt. Italien (»Italia«, V. 1119) war griechische Kolonie, dort war der Dionysos-Kult sehr verbreitet, und in Eleusis (vgl. V. 1120), einem Kultort nahe von Athen, wurde Dionysos – neben Demeter, Göttin des Getreides und der Fruchtbarkeit, und ihrer Tochter Persephone, Göttin der Unterwelt und der Fruchtbarkeit – verehrt. Die sogenannten »Eleusinischen Mysterien« waren kultische Handlungen, die zu einem großen Teil unter Ausschluss der Öffentlichkeit stattfanden. Die Teilnehmer wurden dazu verpflichtet, über die Vorgänge Stillschweigen zu bewahren. Dionysos als Gott des Weines und des Rausches spielte bei den Mysterien eine bedeutende Rolle. Als Sohn der Semele und des Kadmos ist Dionysos Stadtgott von Theben, das als Ursprung seiner Verehrung gilt (vgl. V. 1122). Der »wilde[ ] Drache[ ]« und die »Saat« (V. 1124 f.) sind Bestandteile der Ursprungssage von Theben.[1]

Der »Qualm« – gemeint ist wohl der Dionysostempel bzw. die -altäre – sieht, personifiziert, Dionysos »über dem zweigipfligen Felsen« (V. 1126 f.) – damit ist der Parnassos gemeint, der Musenberg in Zentralgriechenland. Am Parnassos ist auch die korykische Grotte, der die korykischen Nymphen (vgl. V. 1127 f.) entstammen, die im Gefolge des Dionysos wandeln. Diese und die Mänaden oder Bakchen/Bakchantinnen bzw. »Thyiaden« (V. 1151) sind mythische Begleiterinnen des Dionysos, dessen Gefolge in den Versen 1134–36 summarisch genannt wird (auch die historischen Anhängerinnen des Dionysoskultes wurden Bakchen/Mänaden genannt). Dazu gehören als wichtige Gruppe auch die Satyrn, Mischwesen aus Mensch und Pferd oder Esel, denen ein Übermaß an sexuellem Begehren zugeschrieben wurde und die hier nicht explizit genannt sind. Am Fuße des Parnassos liegen auch Delphi, wo nicht nur Apollon, sondern auch Dionysos verehrt wurde, und die Kastalische Quelle (vgl. V. 1130), die Besucher des Orakels für rituelle Waschungen nutzten. Die nächsten Verse spielen auf Dionysos' Herkunft an: Dem Mythos zufolge wurde er am Berg Nysa geboren (»es entsenden dich der nyseischen Berge / efeubestandene Hänge«, V. 1131 f.), der hier mit Symbolen der Fülle und Fruchtbarkeit konnotiert ist.

In den abschließenden zwei Strophen wird Dionysos als Retter Thebens beschworen: In dieser schwierigen Zeit ruft ihn der Chor an und beschwört ihn, die Stadt zu entsühnen (vgl. V. 1144). Er möge zu Hilfe kommen über den bereits erwähnten Parnassos (nördlich von Böotien, der Landschaft, in der Theben liegt) oder über »den tosenden Sund« (V. 1145, die Meerenge zwischen Böotien und der Insel im Nordosten davon), bei Euböa. Egal, woher, Dionysos, im letzten Vers bei seinem Namen Iakchos genannt, möge mit seinem Gefolge erscheinen und die drohende Katastrophe noch abwenden. Es kommt dabei noch ein letztes Mal die Hoffnung zum Ausdruck, dass eine glückliche Wendung, eine Lösung des Konflikts, möglich ist.

Dieses 5. Stasimon ist durch die syntaktisch komplexen Strukturen, die indirekten Referenznahmen auf den Angerufenen (Dionysos) und die anderen Götter sowohl sprachlich als auch in Bezug auf das Vorwissen auch für Schülerinnen und Schüler der Sekundarstufe II äußerst anspruchsvoll. Die Attribute, die den Figuren zugeschrieben werden, sind auf den ersten Blick nicht immer eindeutig zuzuordnen und müssen aus Sicht der Schülerinnen und Schüler dechiffriert werden. Der hymnische Ton der Übersetzung von Kurt Steinmann in der hier zugrunde gelegten Ausgabe Reclam XL trägt entscheidend dazu bei. Dieser gehobene Ton des 5. Stasimon bildet an der Nahtstelle zur Katastrophe eine Markierung eines letzten Punktes, der Aussicht auf ein positives Ende verspricht (retardierendes Moment). Danach geht es: bergab.

1 Siehe Sachanalysen zu Prologos (Kap. 1, S. 5 f.) und Parodos (Kap. 2, S. 12 f.).

Unterrichtsverlauf

Überblick. Die Schülerinnen und Schüler erarbeiten sich im Verfahren des *close reading* das sprachlich sehr anspruchsvolle 5. Stasimon. Dazu wird im Sinne eines reziproken Lernens zunächst von der Lehrperson vorgestellt, wie man sich durch mehrmalige intensive Lektüre einzelner Textstellen nach und nach die Bedeutung der Textstelle erarbeiten kann. Dazu kommen grafische Methoden (farbliche Markierung der Attributstrukturen), sprachliche Methoden (z. B. Umstellung oder Umformung von Adjektiv zu Nomen) und mediale Methoden (z. B. Recherche zum kulturellen Wissen) zum Einsatz. ! Verkürzter Verlauf: 6.1 – 6.2 – 6.3 – 6.4 – 6.5

Phase	Thema	Sozialform	Kompetenzen und Lernziele	Materialien
Voraussetzungen: Lektüre bis einschließlich des 5. Stasimon (*Antigone*, Reclam XL, S. 50)				
6.1	Erste Strophe des 5. Stasimon	LV / UG	• Versuch einer Paraphrasierung nach individuellem Verständnis • Elementares Textverstehen auditiv	
6.2	Erschließung und Übertragung der Übersetzung von Kurt Steinmann	UG / EA	• Zentrale Textgrößen eigenständig identifizieren (Figur, Ort, Handlung) • Semantisierung der Textdaten rekonstruieren	ARBEITSBLATT 6a ➤ S. 52 VORLAGE 6a ➤ S. 49
6.3	Abstraktion und Einführung in eine mehrschrittige Abfolge des *close reading*	UG	• Ein Verfahren zur Erschließung komplexer Textstellen abstrahieren	ARBEITSBLATT 6b ➤ S. 54 VORLAGE 6b ➤ S. 50
6.4	Anwendung und Übertragung des Verfahrens auf die restlichen Strophen des 5. Stasimon	EA / PA	• Das Verfahren des mehrstufigen *close reading* selbständig auf weitere Textstellen anwenden • Das Textverständnis abgleichen	VORLAGE 6c ➤ S. 51
6.5	Transferphase und Vertiefung: Kontrast zu einem volkstümlichen »Flehlied« mit trivialem Inhalt und sprachlich einfacher Gestaltung	UG / EA	• Die zwei Sprechsituationen und Sprechhaltungen vergleichen • Kontrastive Interpretation	Video (online) ARBEITSBLATT 6c ➤ S. 57
6.6 fakultativ	Deutungshypothesen-Quiz	PA / UG	• Eigene Hypothesen entwickeln • Fremde Hypothesen beurteilen	ARBEITSBLATT 6c ➤ S. 57
HA	Lektüre des Exodos			ARBEITSBLATT 1b ➤ S. 11 *Antigone*, Reclam XL, S. 50–57

6.1 Erste Strophe des 5. Stasimon

LV / UG

Unterrichtsschritt. Die Lehrperson liest mehrfach, in getragenem Vortrag, die erste Strophe des 5. Stasimon vor (*Antigone*, Reclam XL, V. 1115–25, S. 49), schließlich einmal das Stasimon als Ganzes und bittet die Schülerinnen und Schüler um Paraphrasen und Verstehensbekundungen des Gehörten.

Erläuterungen. Durch das Hören der syntaktisch, semantisch und lexikalisch anspruchsvollen ersten Strophe des 5. Stasimon werden auch die Schülerinnen und Schüler der Oberstufe vor elementare Verstehensprobleme gestellt. Sie können die folgenden, einfach scheinenden Fragen in der Regel nicht beantworten:

- Von wem ist hier überhaupt die Rede?
- Was ist das für ein Sprechakt? Was soll hier erreicht werden?
- Kann jemand eine der vielen Anspielungen auflösen? (z. B.: Worauf bezieht sich das »kadmeisch« bei der »kadmeischen Jungfrau«, V. 1115?)

Durch die Irritation und die Schwierigkeiten, diese Textstelle durch einmaliges Hören in ein allgemeinverständliches Deutsch zu übertragen, wird die Unterrichtseinheit motiviert: eine intensive Beschäftigung mit einer Textpassage und die Hilfestellung zur Übertragung/Erarbeitung der Textbedeutung. Auch ein mehrfaches Hören beim wiederholten Vortrag bringt hier keine Abhilfe. Die ungewöhnliche Syntax und die Dichte an Attribuierungen, die auch im Nachfeld als Apposition (z. B. »Zeus', des dumpfdonnernden, / Spross«, V. 1116. f.) realisiert sind, vergrößern die Verständnishürde.

Die sprachliche Höhe der Stelle kommt idealerweise bereits durch einen getragenen Vortrag der Lehrperson zum Ausdruck (und bildet den Kontrast zum banalen Anruf bzw. dem Flehlied *Herrgottsjodler* in der Transferphase, Unterrichtsschritt 6.5, S. 51).

6.2 Erschließung und Übertragung der Übersetzung von Kurt Steinmann

Unterrichtsschritt. Die Lehrperson führt mit Hilfe des ARBEITSBLATT 6a ***Das 5. Stasimon erschließen und sprachlich neu übertragen*** in die Methode des *close reading*, nach der Methode des reziproken Lernens vor der Klasse, ein. Dazu verbalisiert die Lehrperson die einzelnen Schritte, die auf dem ARBEITSBLATT 6a entwickelt werden: »Zunächst suche ich mir einen Ankerpunkt in der Textstelle. Was eignet sich hier? Hm, ich nehme Bakcheus, er scheint im Zentrum zu stehen …« (VORLAGE 6a ***Thebanischer Silber-Stater, zeigt Dionysos*** kann hier verwendet und gezeigt werden).

UG / EA

ARBEITSBLATT 6a
➤ S. 52
VORLAGE 6a
➤ S. 49

Erläuterung. Aus der Erkenntnis, dass die Lerngruppe durch reines Hören dieses Textauszugs mit der Erschließung überfordert ist, ergibt sich die Überleitung zur Einführung der Methode des *close reading*. Die Lehrperson

VORLAGE 6a

Thebanischer Silber-Stater, zeigt Dionysos

Wikimedia Commons. CC BY-2.0 / Exekias

Originalbeschreibung (aus dem Englischen übersetzt):
»Böotien. Theben. Circa 405–395 v. Chr. Stater (Silber, 11,97 g). Böotischer Schild. […] Kopf des bärtigen Dionysos mit Dreiviertelblick, leicht nach rechts gedreht, mit Efeukranz; alles in einer sehr flachen kreisförmigen Prägung. […] Sehr selten. Eine attraktive und prächtige Münze von großer Schönheit. Nahezu perfekt erhalten. […] Dies ist sicherlich der majestätischste und edelste Kopf des Dionysos, der auf den antiken griechischen Münzen zu finden ist. Er hat eine gelassene Schönheit, die im Gegensatz zur wilden und orgiastischen Natur steht, die der Gott bei anderen Gelegenheiten haben kann; seine Augen sind hier klar und sein Blick durchdringend. Interessanterweise folgte der Künstler, der die Matrizen für diese Münze herstellte, einer thebanischen Tradition, die auf den Halsansatz des Gottes verzichtet, wie bei den […] Köpfen von Herakles, die etwa eine Generation früher auf den Stateren von Theben erscheinen […]: Dies verleiht dem Porträt eine entrückte, fast jenseitige Atmosphäre, als ob der Gott tatsächlich aus einem Wolkenwirbel auf den Betrachter schaut.«

Description. In: commons.wikimedia.org/wiki/File:Greek_Silver_Stater_of_Thebes_(Boeotia),_a_Stunning_Depiction_of_Dionysos.jpg (Stand: 11. 12. 2019).

führt dabei induktiv in die Methode ein, die später (Unterrichtsschritt 6.3) abstrahiert und als Leitfaden erarbeitet wird. Wichtig ist, dass die Schülerinnen und Schüler zunächst nicht mit dem Text alleingelassen werden, da dies in der Regel zu einer Überforderung und Frustration führen würde. Die Lehrperson führt durch geeigneten Medieneinsatz (Overhead oder Dokumentenkamera) die einzelnen Schritte des *close reading* tatsächlich Schritt für Schritt vor: Finden eines Ankerpunktes, Verknüpfen des Ankerpunktes mit den umgebenden Versen, Anstreichen, Erschließung der Rekurrenzen durch Auflösen der sprachlichen Hürden und Angebote aus dem Vorwissen zur Mythologie. (Statt eines Tafelbildes dient ARBEITSBLATT 6b später der Sicherung des Verfahrens und kann in eine eigene Methodenkarte als Erinnerungshilfe (– VORLAGE 6b, fakultativ –) überführt werden. Siehe Unterrichtsschritt 6.3.)

6.3 Abstraktion und Einführung in eine mehrschrittige Abfolge des *close reading*

UG

ARBEITSBLATT 6b
➤ S. 54
Lösungshinweise
➤ S. 93
VORLAGE 6b
➤ S. 50

Unterrichtsschritt. Nachdem die Schülerinnen und Schüler ARBEITSBLATT 6a bearbeitet und mit Hilfe des Beispiels der ersten Strophe die Anwendung selbständig (Einzelarbeit) wiederholt haben, kommt es nun zur Abstraktion einer Schrittfolge im Unterrichtsgespräch (5 Schritte). Diese kann auf ARBEITSBLATT 6b ***Methode des »close reading«*** nachvollzogen und bei Wunsch (fakultativ) ähnlich wie VORLAGE 6b ***Methodenkarte »close reading«*** auf einer handschriftlich gestalteten Methodenkarte für spätere Zwecke festgehalten werden. Dabei soll eine individuelle Anpassung der fünf Schritte nach Brauchbarkeit erlaubt sein.

Erläuterung. Das selbständige Erschließen herausfordernder Textstellen ergibt sich nicht von alleine, und um bei den Schülerinnen und Schülern Routinen zu entwickeln, muss man ausreichend Zeit für das individuelle Lesetempo vorsehen. Nicht jeder methodische Schritt ist für jede Schülerin, jeden Schüler gleich hilfreich. So fällt es einigen schwer, die sprachliche Kongruenz immer präzise zu erschließen, und sie bevorzugen es, schon früher zu recherchieren, was der Hintergrund einer Szene ist, als andere. Hier ist Raum für Individualisierung und Differenzierung.

VORLAGE 6b

Methodenkarte *close reading*

1. **Einen ersten Ankerpunkt suchen (eindeutig zuzuordnen)**
   - Möglichkeiten: Figur oder Ort oder Handlung
2. **Sprachlich eindeutige Beziehungen zum Ankerpunkt farblich markieren**
   - Was hängt zusammen? Farben trennen!
3. **Sprachlich komplexere Beziehungen zuordnen, ggf. durch Recherche auflösen**
   - Satzstruktur beachten, grammatische Kategorien (Kongruenz), Zeichen
4. **Unsicherheiten und Uneindeutiges durch Recherche lösen**
   - Möglichkeiten: Thesaurus oder Lexika oder Online-Enzyklopädien
5. **Ausweiten der Bezüge auf benachbarte Textstellen**
   - Handlungsverlauf, Dramaturgie, Figureninventar

6.4 Anwendung und Übertragung des Verfahrens auf die restlichen Strophen des 5. Stasimon

EA / PA

VORLAGE 6c
➤ S. 51

Unterrichtsschritt. Die Schülerinnen und Schüler wenden nun mit Hilfe der VORLAGE 6c ***»Close reading« des 5. Stasimon, V. 1126–52*** in Einzelarbeit das neue Verfahren bei den weiteren Strophen des 5. Stasimon an und bilden so eine erste Routine aus. Dabei dürfen die fünf vorgeschlagenen Schritte in Umfang und Reihenfolge individuell angepasst werden. Ziel ist die Festigung der selbständigen Bottom-up-Texterschließung und der selbstorganisierte Übergang zur Top-down-Recherche. Nach der längeren Arbeitsphase vergleichen die Schülerinnen und Schüler ihre Arbeitsergebnisse in Partnerarbeit. Eine Mindmap kann als Ergebnissammlung dienen.

Erläuterung. Eine Einzelstunde wird nicht ausreichen, um Routine zu entwickeln. Das Verfahren sollte unbedingt an weiteren Texten erprobt und gefestigt werden. Jedoch kann nur in Einzelarbeit wirklich davon ausgegangen werden, dass es zu einem Kompetenzaufbau kommt, denn die Verstehensprozesse laufen bei dieser anspruchsvollen Textstelle sehr unterschiedlich ab.

Lösungshinweis zur 2. Leitfrage: Der zentrale Begriff ist V. 1144: »entsühnend«.

VORLAGE 6c

Close reading **des 5. Stasimon, V. 1126–52**

Arbeitsauftrag:
Untersuchen Sie im *Close-reading*-Verfahren die folgenden Strophen des 5. Stasimon (*Antigone*, Reclam XL, V. 1126–52, S. 49 f.).

Beantworten Sie dabei folgende Leitfragen:
1. Was wird von Bakcheus hier erhofft?
2. In welchem Wort kommt dies zum Ausdruck?
3. Erscheint Bakcheus und erfüllt sich das Flehen?

6.5 Transferphase und Vertiefung: Kontrast zu einem volkstümlichen »Flehlied« mit trivialem Inhalt und sprachlich einfacher Gestaltung

Unterrichtsschritt. In Bezug zur Architektur des Dramas (vgl. 7. Stunde) wird kurz im Unterrichtsgespräch besprochen, welche Funktion diese Szene hat: retardierendes Moment nach der Peripetie, unmittelbar vor der Katastrophe. Sodann bekommen die Schülerinnen und Schüler den Auftrag, in Einzelarbeit die wesentlichen Unterschiede zwischen dem *Herrgottsjodler* und dem Flehlied der Antigone zu analysieren. Dazu dient das Musikvideo (youtu.be/BQffl1ayTEo, ARBEITSBLATT 6c ***Analyse II – kontrastiv***). Diese kontrastive Fassung bereitet auf die Interpretation des 5. Stasimon vor und lässt besser erkennen, warum es sprachlich so hoch steht und wie trivial dagegen der volkstümliche *Hergottsjodler* erscheint. Die Deutungshypothesen auf ARBEITSBLATT 6c können als Impuls für das auswertende Unterrichtsgespräch genutzt werden.

UG / EA

Video (online)
ARBEITSBLATT 6c
➤ S. 57
Lösungshinweise
➤ S. 94

Erläuterungen. Für die Schülerinnen und Schüler ist die Funktion der gehobenen, hymnischen Sprache im 5. Stasimon erfahrungsgemäß sehr schwer selbständig zu erkennen. Im Kontrast zu dem sehr trivialen, biederen *Herrgottsjodler* entsteht eine ironische Spannung, die das Besondere des Sophokleischen Dramas zu unterstreichen hilft.

Als Anregung für eine Intensivierung des Unterrichtsgesprächs dient . Es enthält Deutungshypothesen, die zu vertiefenden Diskussionen über die Differenz der beiden Texte einladen.

6.6 Deutungshypothesen-Quiz (fakultativ)

Unterrichtsschritt. Eine aktivierende Übung für die Schülerinnen und Schüler ist es, analog zu den vorhandenen Deutungshypothesen auf ARBEITSBLATT 6c ***Analyse II – kontrastiv*** in Partnerarbeit weitere eigene Thesen zu entwickeln und mit dem Lösungshorizont (trifft zu oder nicht) zu versehen. Diese können dann im Plenum als Hypothesenratespiel als Abrundung dieser Einheit zum 5. Stasimon dienen.

PA / UG

ARBEITSBLATT 6c
➤ S. 57

Hausaufgabe

ARBEITSBLATT 1b
➤ S. 11

Lektüre des Exodos (*Antigone*, Reclam XL, S. 50–57). Die Bearbeitung von ARBEITSBLATT 1b ***Lektüreprotokoll zu Sophokles: »Antigone«*** wird fortgesetzt.

ARBEITSBLATT 6a (Seite 1 von 2)

Das 5. Stasimon erschließen und sprachlich neu übertragen

Textausschnitt:

CHOR. Vielnamiger, der kadmeischen Jungfrau Kleinod und Stolz
und Zeus', des dumpfdonnernden,
Spross, der die berühmte du rings umschirmst,
Italia, und waltest
in den allgastlichen, der eleusinischen
Demeter Buchten, o **Bakcheus**,
der du der Bakchen Mutterstadt Theben
bewohnst an des Ismenos
fließenenden Wassern und bei des wilden
Drachens Gefilden der Saat.

Erläuterung:
Diese erste Strophe des 5. Stasimon ist sprachlich sehr komplex und beim ersten Lesen/Hören für Ungeübte sicherlich nicht verständlich. Eine Strategie, sich sprachlich so komplexe Stellen zu erschließen, ist es, wiederholt zu lesen und vom inneren Textverständnis her (»bottom-up«) aufzulösen. Dafür sucht man sich zunächst einen »**Ankerpunkt**«, den man identifizieren kann und von dem aus man die Fäden/Spuren zu den anderen Punkten findet, die sich auf den Ankerpunkt beziehen und diesen näher bestimmen.

Ein Ankerpunkt kann oft eine **Figur**, ein **Ort** oder eine zum Ausdruck gebrachte **Handlung** sein (vgl. ARBEITSBLATT 6b zur Methode).

Beispiel 1 **Figur**: Wer wird hier überhaupt angesprochen und steht im Zentrum? ➡ »o **Bakcheus**« (V. 1121)

Von diesem Ankerpunkt ausgehend, sieht man dann, welche sprachlichen Einheiten mit diesem Ankerpunkt in Verbindung gesetzt werden und mit welcher Bedeutung dies versehen wird. Am besten eignen sich dafür **Verben**, die eine Beziehung zum Ausdruck bringen, aber auch Attribute (Adjektive im Vorfeld, Genitivattribute, Appositionen).

Beispiel 2 **Handlung**: » umschirmst « Wer umschirmt? Bakcheus umschirmt.
Was bedeutet »umschirmen« hier? ➡ ›schützen‹
Wen schützt Bakcheus? die » Mutterstadt Theben «

Weitere Spuren: Was bedeutet *Mutter*stadt in diesem Fall? Wessen Mutter? ➡ hier Mutter der »Bakchen«; »Bakchen« steht metonymisch für den von Bakcheus gegründeten Kult.

ARBEITSBLATT 6a (Seite 2 von 2)

Arbeitsaufträge:

1. Setzen Sie die hier begonnenen farblichen Markierungen zu Bakcheus fort. Was erfahren wir über Bakcheus?
   a. Er hat viele Namen (V. 1115) ➡ Übernahme in die Tabelle unten.
   b. Er ist ein »Spross«, also ein Nachkomme.
      Von wem?
      - von Zeus (in V. 1116 wörtlich genannt) UND
      - von der »kadmeischen Jungfrau« ➡ Wer ist das? (Nachschlagewerk, Internetrecherche oder Anhang der Ausgabe Reclam XL, S. 63, liefern die Lösung ➡ Semele)
   c. Wer ist nun »Bakcheus«? (Recherche ➡ ein anderer Name für Dionysos)
2. Beginnen Sie mit einer neuen Farbe weitere farbliche Markierungen für weitere Ankerpunkte und Verbindungen (oben in grün und rot angedeutet). Ergänzen Sie die Tabelle in geeigneter Form durch Verbindungen, die Sie eindeutig herstellen können.

Tabelle:

» Bakcheus «	» Zeus «	» kadmeische Jungfrau «
= hat viele Namen = Kleinod und Stolz (der Mutter)	= donnert dumpf	? [kulturelles Wissen: Semele]
»umschirmt« ➡ beschützt Theben	Vater von Bakcheus	= Jungfrau = Tochter des Kadmos (»kadmeischen«)
»waltet« ➡ …		Mutter von Bakcheus
»Kleinod und Stolz« von Semele ➡ geliebter Sohn		

Methode des *close reading*

1. Schritt: Einen ersten Ankerpunkt in der Strophe bzw. Textstelle suchen.

Dies kann häufig sein:

- eine angesprochene **Figur**. (z. B. Bakcheus)
- ein genannter **Ort** (z. B. Mutterstadt Theben)
- ein/e genannte/r **Handlung**/Vorgang/Tätigkeit (z. B. »umschirmst« = Schutz)

2. Schritt: Sprachlich eindeutige Beziehungen (der ersten Ebene) zu diesem Ankerpunkt farblich markieren und danach sprachlich auflösen

Was hängt zusammen?

Beispiel:

Bakcheus ——— Spross

»Spross« steht hier für Nachkomme (siehe Schritt 4).

Das eröffnet neue Fragen: Wessen Nachkomme? Gibt es einen Genitiv?

Spross ——— Zeus'

»Zeus'« ➡ Der Genitiv kommt hier nur durch den nachgestellten Apostroph zum Ausdruck. Bakcheus ist also der Sohn von Zeus.

3. Schritt: Sprachlich schwierigere Beziehungen durch Kongruenz zuordnen und ggf. durch Recherche (Hintergrundwissen) auflösen

Beispiel 1:

»des dumpfdonnernden« (V. 1116)

steht zwischen zwei Kommas und könnte sich entweder auf den nachfolgenden »Spross« oder den vorausgehenden »Zeus'« beziehen. Was trifft zu?

- des dumpfdonnernden ➡ Bakcheus

  ODER

- des dumpfdonnernden ➡ Zeus

Lösung: Es handelt sich um ein nachgestelltes Attribut (Adjektiv). Es muss also zu einem Substantiv im Genitiv in Kongruenz stehen. Somit ergibt sich hier die Lösung: Zeus. Das erkennt man nur durch eine sehr sorgfältige Lektüre anhand eines kleinen Zeichens: dem Apostroph hinter »Zeus«, der den Genitiv markiert. Es handelt sich hier um eine sogenannte Apposition, ein Attribut im Nachfeld.

Viele Textstellen können nur so aufgelöst werden. Ein paralleles Beispiel ist in V. 1115 oder den Versen 1147/48 zu finden: »nächtlicher / Jubelrufe Wächter« bezieht sich hier auf »Reigenführer du«, und dieser wiederum ist Dionysos.

Beispiel 2:

»Kleinod und Stolz« (V. 1115)

steht hinter »Vielnamiger« und »der kadmeischen Jungfrau«

- Kleinod und Stolz ➡ Jungfrau

  ODER

- Kleinod und Stolz ➡ Vielnamiger

Lösung: Vielnamiger (= Dionysos), substantivische Apposition mit gleichem Kasus und Numerus (während »der kadmeischen Jungfrau« das Genitivattribut zu »Kleinod und Stolz« ist)

4. Schritt: Textstellen, die sich nicht durch mehrfache genaue Lektüre (»bottom-up«) klären lassen: Unsicherheit bzw. Uneindeutigkeit durch Nachschlagen/Recherchieren (»top-down«) auflösen.

Hierfür kommen vor allem zwei Methoden in Betracht:

4.1 Das Verwenden eines **Thesaurus** (Bedeutungswörterbuch oder in einer elektronischen Textverarbeitung wie Microsoft Word).

Ein Thesaurus verfügt über Einträge von Wörtern mit ähnlicher Bedeutung und kann bei sprachlich uneindeutigen Bezügen manchmal die Lösung bringen.

Beispiel:

Wofür steht das Wort »Spross« in diesem Kontext?

Ein Thesaurus verfügt für »Spross« über folgende Eintäge:

- »Ableger, Abkomme, Baby, Knospe, Kind, Nachkomme. Schössling, Trieb«

Somit ist klar, dass der Begriff nicht nur in der geläufigeren Verwendung mit Bezug auf Pflanzen (»Trieb«) Verwendung findet, sondern in der heute selteneren Form als Synonym für ›Sohn‹ oder ›Nachkomme‹ stehen kann.

4.2 Das Verwenden eines **Nachschlagewerks** (z. B. zur antiken Mythologie oder einer Online-Enzyklopädie)

Beispiel:

»der kadmeischen Jungfrau« (V. 1115)

Ist das Adjektiv »kadmeischen« hier eine Orts- oder Namensbezeichnung? Wenn man nicht über entsprechendes mythologisches Hintergrundwissen verfügt, wird man hier unsicher sein.

- »kadmeisch« = aus oder von einem *Ort* Kadmos oder ähnlich

  ODER

- »kadmeisch« = abstammend von einer *Person* namens Kadmos oder ähnlich

Sucht man in Wikipedia einen Eintrag zum Adjektiv »kadmeisch«, findet man einen Hinweis auf »Kadmeischer Krieg«. Dort wird man fündig: Kadmos war König von Theben. Zu seiner Person gibt es einen eigenen Eintrag.

5. Fakultativer Schritt: Ausweiten der Verbindungen auf benachbarte Textstellen und den Gesamttext

Es ist nicht immer leicht zu entscheiden, wann die gleiche Figur gemeint ist, wenn sie unterschiedlich bezeichnet wird.

Hier finden sich über die Strophen des 5. Stasimon hinweg alle Bezeichnungen für Dionysos, der nie explizit »Dionysos« genannt wird, aber immer gemeint ist:

- ______________________ (V. 1115)
- ______________________ (V. 1115)
- ______________________ (V. 1117)
- ______________________ (V. 1117)
- ______________________ (V. 1121)
- ______________________ (V. 1122)
- ______________________ (V. 1126)
- ______________________ (V. 1131)
- ______________________ (V. 1134)
- ______________________ (V. 1137)
- ______________________ (V. 1147)
- ______________________ (V. 1148)
- ______________________ (V. 1149)
- ______________________ (V. 1150)
- ______________________ (V. 1151)
- ______________________ (V. 1152)
- ______________________ (V. 1152)
- ______________________ (V. 1152)

Analyse II – kontrastiv

Der *Herrgottsjodler* von Sigrid & Marina aus dem Album *Heimatgefühle* stellt eine andere Form von Flehlied dar als jenes im 5. Stasimon.

Video auf Youtube:
youtu.be/BQffl1ayTEo

Arbeitsaufträge:

1. Hören Sie sich das Lied an und achten Sie darauf, wie anders im Vergleich zum 5. Stasimon die sprachliche Gestaltung und der Anruf einer höheren Gottheit hier gestaltet ist.
2. Notieren Sie sich dazu Textstellen in die linke Spalte der nachfolgenden Tabelle und eine kurze Notiz zur Deutung auf die rechte Seite. Ein Beispiel ist bereits vorgegeben.

Textstelle aus dem *Herrgottsjodler*	Deutung/Anmerkung
»Ob's dich geben tut, lieber Herrgott, … oder nicht …, die Hauptsache ist, man kann dran glauben.«	*Es ist egal, ob es den Angesprochenen gibt. Wichtig ist der Glaube an die Existenz.* *➡ 7. Deutungshypothese*

Mit der Vorbereitung durch diese Notizen wird es Ihnen leichter fallen, die folgenden Deutungshypothesen zuzuordnen.

Deutungshypothese	Trifft zu auf: A = *Antigone* H = *Herrgottsjodler* B = Beide K = Keines der beiden
Der Gott / das höhere Wesen erscheint nicht.	
Die Sprecher fordern Dankbarkeit gegenüber Gott / den Göttern.	
Die Sprecher loben den Angesprochenen.	
Ob die Hoffnung in Erfüllung geht, ist für die Sprecher relevant.	
Der Angesprochene ist für die Sprecher stets erreichbar und hört zu.	
Der Angesprochene ist potentiell zu sehen.	
Ob es den Angesprochenen gibt, ist irrelevant. Der *Glaube* an die Existenz ist relevant.	
Der Gott kann in den Verlauf des Geschehens eingreifen.	
Die Geschichte des Gottes wird rekapituliert.	
Der Gott antwortet den Sprechern.	
Es handelt sich um Vielgottglauben.	

7 Die Struktur antiker Dramen kennen und identifizieren lernen

Sachanalyse

Der Exodos ist der letzte Teil des Dramas, in dem die Auflösung (in der Komödie) oder Katastrophe (in der Tragödie) erfolgt. Vermittelt durch Botenberichte, erfolgt darin eine Reihe von Suiziden von Antigone, Haimon und Eurydike. Kreon bleibt zum Schluss allein mit seiner Schuld. Die detaillierte Behandlung des Exodos erfolgt noch nicht in dieser Stunde, sondern erst in der nächsten. Das Wissen um den Aufbau des Dramas, wie es von Aristoteles festgehalten wurde, soll dabei helfen, in der folgenden Stunde die Rolle der Katharsis besser zu erkennen.

Der wohl erste Literaturtheoretiker der Geschichte war Aristoteles. Mit seinen Schriften *Poetik* und *Rhetorik* legte er den Grundstein für das, was wir heute Literaturwissenschaft nennen.

Aristoteles wurde 384 v. Chr. in Chalkis geboren, war Arzt, Philosoph und Schüler des Platon. Seine Werke umfassen alle Bereiche der Philosophie und seine Bedeutung für die europäische Entwicklung der Wissenschaft ist wohl kaum zu unterschätzen. Aristoteles hat die Struktur des Dramas in seiner *Poetik* beschrieben. Die *Poetik*, also die Lehre von der Dichtkunst, ist zwar nur fragmentarisch erhalten, aber dennoch bedeutsam: Sie bildet gemäß Kühnel die Grundlage für zahlreiche spätere Poetiken, vor allem die seit der Renaissance. Artistoteles' *Poetik* sei neben allgemeinen Passagen vor allem als Gattungspoetik einzuordnen und beschäftigt sich mit der Tragödie, zu geringeren Teilen auch der Komödie und dem Epos. Zahlreiche von Aristoteles eingeführte Begriffe werden bis heute in der Literaturtheorie verwendet, wurden umgedeutet und neu definiert.[1] Es ist also nicht nur die Gattung Tragödie selbst, sondern auch die Theorie über sie einer ständigen Entwicklung unterworfen. Kühnel fasst die wichtigsten von Aristoteles eingeführten Ideen wie folgt zusammen:

Aristoteles beschäftigt sich zu Beginn damit, was als Dichtkunst verstanden werden kann, ohne sich auf eine bestimmte Gattung zu beziehen. Für Aristoteles ist die Dichtkunst im Allgemeinen »*mimesis* einer *praxis*«, also die Nachahmung des – frei übersetzt – zweckvollen Tuns mit den spezifischen Mitteln der Sprache, etwa Wörter, Rhythmus und Ton. Mimesis darf dabei nicht »im Sinne einer (naturalistisch) reproduzierenden Nachahmung einer vorgegebenen Wirklichkeit verstanden werden«.[2] Für Aristoteles sind mehrere Dichtkünste mimetisch: »Die Epik und die tragische Dichtung, ferner die Komödie und die Dithyrambendichtung sowie – größtenteils – das Flöten- und Zitherspiel: sie alle sind, als Ganzes betrachtet, Nachahmungen. Sie unterscheiden sich jedoch in dreifacher Hinsicht voneinander: entweder dadurch, daß sie durch je verschiedene Mittel, oder dadurch, daß sie je verschiedene Gegenstände, oder dadurch, daß sie je verschiedene und nicht auf dieselbe Weise nachahmen.«[3]

Die besondere Eigenschaft von Dichtkunst liegt also darin, »eine objektive Realität [zu] *fingieren.* Das Drama nimmt dabei eine Sonderstellung ein, weil es in zwei unterschiedlichen Präsentationsformen auftritt. Als gedruckter Text ist es wie die Erzählung eine *fiktionale* Gattung, da es vom Leser erwartet, sich eine erfundene Wirklichkeit als etwas tatsächlich Gegebenes vorzustellen. Sobald es aber auf einer Bühne gespielt wird, verändert es seinen Gattungscharakter. Da das Geschehen jetzt physisch-real gegenwärtig ist, fordert es vom Zuschauer kein Eingehen auf eine Fiktion mehr. Statt sich das Fingierte vorstellen zu müssen, sieht er die Vorstellung real auf der Bühne. Fiktion verwandelt sich damit in *Simulation.* [...] Die Simulation aber bewegt sich in den Grenzen dessen, was physikalisch möglich und real erträglich ist.«[4] Das Drama eignet sich daher besonders für Erfahrungen von Katharsis.

Wir müssen davon ausgehen, dass den antiken Tragödiendichtern sowie dem Publikum die Merkmale eines Dramas durch ihre Erfahrung mit dieser Gattung bekannt waren. Der Niederschlag poetologischer Überlegungen, wie jener des Aristoteles, in bestimmten Bestandteilen der Dramen lässt sich leicht ausfindig machen. Aristoteles' Bestandteile etwa wurden über die Jahrhunderte immer wieder im Wesentlichen unverändert rezipiert. Besonders deutlich wird das etwa in dem, was später »geschlossenes Drama« genannt wird. Beschrieben wurde es unter anderen durch Gustav Freytag (Schriftsteller und Journalist, 1816–1895) in seiner 1863 erschienenen Abhandlung *Technik des Dramas.* In den Bestandteilen nach Freytag finden sich im Wesentlichen die des Aristoteles

1 Vgl. Jürgen Kühnel, »Poetik«, in: *Metzler Literatur Lexikon: Begriffe und Definitionen*, hrsg. von Günther und Irmgard Schweikle, Stuttgart [2]1990, S. 353–356.

2 Kühnel (Anm. 1).

3 Aristoteles, *Poetik*, griech./dt., übers. und hrsg. von Manfred Fuhrmann, Stuttgart 1982 [u. ö.], S. 5.

4 Hans-Dieter Gelfert, *Wie interpretiert man ein Drama?*, Stuttgart 2005, S. 7.

wieder, aber Freytag unterteilt das Drama in fünf Akte. Das war keine Neuerung, sondern seit der *Ars Poetica* des Horaz in der römischen Antike geltende Forderung.[5] Zu bedenken ist aber, dass Sophokles' Texte dieser Fünfakt-Struktur konzeptuell nicht unbedingt entsprechen – auch wenn die Einteilung in fünf Epeisodia dazu verleiten könnte, dies anzunehmen –, da sie für die griechische Antike noch nicht fester Maßstab war. So lässt sich auch Antigone nicht eindeutig in Freytags Schema einordnen. Ist etwas schon die Festnahme von Antigone und Ismene im 2. Epeisodion als Höhepunkt des Stücks zu verstehen? Oder gar erst Kreons Befehl, sie in die Felsengruft zu werfen, im 4. Epeisodion? Einiges spricht dafür, den Konflikt mit Haimon und die Aussprache des Todesurteils als Höhepunkt des Stücks zu sehen, doch dies ist bestimmt nicht die einzige Interpretationsmöglichkeit.

5 Vgl. Birte Werner, »Fünfakter«, in: *Metzler Lexikon Literatur: Begriffe und Definitionen*, hrsg. von Dieter Burdorf, Christoph Fasbender und Burkhard Moennighoff, Stuttgart [3]2007, S. 257.

Unterrichtsverlauf

Überblick. Zu Beginn der Stunde werden Textverständnis und Erkenntnisse, die aus der Lektüre des Exodos gewonnen wurden, gesichert. Die Schülerinnen und Schüler sind nun mit dem Stück und der Handlung vertraut und kennen die Bestandteile einer antiken Tragödie. Dieses Wissen soll produktiv umgesetzt werden, indem sie die Struktur der Tragödie mit den funktionalen Bestandteilen in Verbindung bringen. Am Ende der Stunde soll die Lerngruppe mit dem Konzept des Regeldramas vertraut sein und dieses Wissen auf einen von ihnen gewählten Film transferieren können. ! **Verkürzter Verlauf: 7.1 – 7.2 – 7.3 – 7.5**

Phase	Thema	Sozialform	Kompetenzen und Lernziele	Materialien
Voraussetzung: Lektüre des gesamten Dramas				
7.1	Austausch von Lektüreerfahrungen und Verständnisabgleich	GA / UG	• Erfahrungen ausdrücken und kanalisieren • Textverständnis vertiefen	VORLAGE 7a ➤ S. 61
7.2	Struktur des Dramas bei Aristoteles und Gustav Freytag	EA	• Kernbestandteile des Dramas kennenlernen	ARBEITSBLATT 7a ➤ S. 65
7.3	Dramatische Struktur der *Antigone* im Überblick	GA	• Gattungswissen vertiefen • Praktische Anwendung konzeptuellen Wissens • Grafische Darstellung abstrakter Sachverhalte	ARBEITSBLATT 1b ➤ S. 11 VORLAGE 7b ➤ S. 62 TAFELBILD 7 ➤ S. 63 ARBEITSBLATT 7b ➤ S. 67
7.4 fakultativ	Rhetorik im Drama bei Aristoteles	EA / GA	• Vertiefte Anwendung abstrakter Konzepte auf konkrete Texte	ARBEITSBLATT 7c ➤ S. 68
7.5	Zusammenschau: Dramatische Struktur der *Antigone*	GA / UG	• Kritische Reflexion und Diskussion über Gattungskonzepte	TAFELBILD 7 ➤ S. 63 ARBEITSBLATT 1b ➤ S. 11
HA	Übertragung der Architektur des Dramas auf einen selbst gewählten Film		• Transferleistung	

7.1 Austausch von Lektüreerfahrungen und Verständnisabgleich

Unterrichtsschritt. In Kleingruppen von drei bis vier Personen tauschen sich die Schülerinnen und Schüler über die Leitfragen in VORLAGE 7a ***Diskussion der Lektüre*** aus. Wichtige Schlagwörter werden mit Flipchart-Stiften auf Moderationskärtchen gesammelt, dabei werden verschiedenfarbige Kärtchen für Lektüreerfahrungen und Ende des Textes verwendet. Die Gruppen kleben ihre Kärtchen an die Tafel, die Lehrperson hält die Ergebnisse im Unterrichtsgespräch fest und weist auf Parallelen hin.

GA / UG

VORLAGE 7a

➤ S. 61

Erläuterung. Die Lektüreerfahrungen der Schülerinnen und Schüler sollen Platz bekommen, bevor die inhaltliche Bearbeitung des Textes weitergeht. Es ist zu erwarten, dass sowohl negative als auch positive Gefühle auftauchen, etwa Langeweile und Verständnisschwierigkeiten einerseits, Neugier, Spannung oder Mitgefühl andererseits. Dabei ist wichtig, dass auch die kritischen Eindrücke Gehör finden (ohne sich zu sehr auf sie zu konzentrieren). Im zweiten Schritt kann die Lerngruppe das Textverständnis abgleichen und eventuelle Unklarheiten klären. Vor allem zwischen Kreons Position am Ende des Dramas und den subjektiven Leseerfahrungen könnten sich Überschneidungen ergeben, auf die im Unterrichtsgespräch rekurriert werden kann. Dieser Unterrichtsschritt stellt gleichzeitig eine erste Einstimmung auf die Bestandteile des Dramas und das Konzept der Katharsis dar, ohne explizit Bezug darauf zu nehmen.

VORLAGE 7a

Diskussion der Lektüre

1. Besprechen Sie das Ende des Textes (den Exodos) und nutzen Sie dafür das Lektüreprotokoll:
   - Wie kam es zu den Ereignissen?
   - Welche Rolle spielt Kreon?
   - Was ist Kreons Position am Ende des Dramas?
2. Besprechen Sie Ihre Lektüreerfahrungen:
   - Welche Erfahrungen haben Sie beim Lesen des Dramas gemacht?
   - Beschreiben Sie Ihre Eindrücke, Gefühle und Gedanken während der Lektüre.

Halten Sie wesentliche Stichworte aus den Diskussionen auf Moderationskärtchen fest.

7.2 Struktur des Dramas bei Aristoteles und Gustav Freytag

Unterrichtsschritt. Zu Beginn der Einheit liest die Lerngruppe das ARBEITSBLATT 7a ***Aristoteles und Gustav Freytag über das Drama*** in Einzelarbeit aufmerksam durch und macht sich fallweise Notizen zur weiteren Bearbeitung. Die Schülerinnen und Schüler lernen dabei die strukturellen und funktionellen Bestandteile einer Tragödie sowie die poetologischen Schriften von Aristoteles und Gustav Freytag kennen.

EA

ARBEITSBLATT 7a

➤ S. 65

Erläuterung. Die genaue Lektüre des Arbeitsblattes verdeutlicht, wie stark reglementiert die Struktur eines (antiken) Dramas ist. Die Schülerinnen und Schüler erwerben sich dadurch das Wissen, das bei einem antiken Publikum vorausgesetzt werden konnte. In der restlichen Einheit geht es darum, dieses Wissen produktiv-analytisch im nahen – und bei der Hausaufgabe auch im weiten – Transfer in einer mehrgliedrigen Bearbeitung anzuwenden. Es ist dies außerdem eine Vorbereitung auf die kommende Einheit, die sich mit der Idee der Katharsis beschäftigt.

7.3 Dramatische Struktur der *Antigone* im Überblick

Unterrichtsschritt. Die Schülerinnen und Schüler versuchen nun in Kleingruppen von drei bis vier Personen die Bestandteile von *Antigone* sowie des Dramas allgemein in das Modell der steigenden und fallenden Handlung einzuzeichnen. Jede Gruppe bekommt Flipchartpapier und -stifte sowie ggf. Moderationskärt-

GA

TAFELBILD 7
➤ S. 63
VORLAGE 7b
➤ S. 62
ARBEITSBLATT 1b
➤ S. 11
ARBEITSBLATT 7b
➤ S. 67

chen, die zur besseren Verdeutlichung auf das Blatt geklebt werden können. Das Blatt sollte quer genommen werden, auch die Möglichkeit, zwei Blätter zu verwenden (eines für die steigende, eines für die fallende Handlung), sollte den Kleingruppen offengelassen werden. Die Aufgabe ist, ein Flipchart nach Vorgabe von TAFELBILD 7 zu gestalten, das die Lehrperson inzwischen an die Tafel zu zeichnen beginnt. Das Tafelbild stellt die Kurve des dramatischen Verlaufs ohne Beschriftung der einzelnen Punkte dar. Zum besseren Verständnis sollte die Lehrperson die Bestandteile des Prologos am Tafelbild einzeichnen. Die Kleingruppen übertragen das Schema auf ihr Blatt. Die Bestandteile von *Antigone* sollen nun eingezeichnet werden und dabei das Modell von Freytag, die Poetik des Aristoteles und der Verlauf des Stücks zusammengeführt werden. Zur Erleichterung des Verständnisses kann VORLAGE 7b ***Aufbau des Regeldramas*** projiziert werden. Zur Lösung der Aufgabe kann das Lektüreprotokoll (ARBEITSBLATT 1b) zu Hilfe genommen werden.

Wenn einzelne Gruppen weiterhin Schwierigkeiten beim Erstellen der dramatischen Struktur haben, können sie ARBEITSBLATT 7b ***Handlungsbestandteile*** benutzen, um die einzelnen Handlungsschritte des Dramas im Überblick zu haben. Sie versuchen dann, die entsprechenden Bestandteile zuzuordnen und auf das Flipchart zu übertragen. (Falls vorhanden, kann auch die Übersicht im Lektüreschlüssel XL zu Sophokles' *Antigone* von Theodor Pelster, Stuttgart: Reclam, 2018, S. 43 f., genutzt werden.)

Je nach Zeit- und Raumressourcen können die Flipcharts der anderen in einem Gallery-Walk besichtigt werden und/oder in der Klasse hängen bleiben.

Erläuterungen. Diese anspruchsvolle Aufgabe benötigt zwar einiges an Zeit, wird aber sowohl durch die Gruppenarbeit als auch durch das Lektüreprotokoll entlastet. Dies erfordert von der Lerngruppe Transformationsleistungen und produktive Synthetisierung der Bestandteile in ein Ganzes. Durch die Durchdringung der Handlung und ihr Verständnis im Kontext der Aristotelischen Poetik wird sich die Lerngruppe der Gemachtheit des Dramas bewusst und kann gleichzeitig eventuelle Verständnisschwierigkeiten selbstgesteuert in der Kleingruppe abklären.

Zu VORLAGE 7b : Die grafische Darstellung der Struktur des Dramas umfasst die notwendigen Bestandteile und orientiert sich grob an Freytag. Sie dient als visuelle Unterstützung und kann nicht die Lektüre des Arbeitsblattes ersetzen.

Zu TAFELBILD 7 : Das Tafelbild bietet ein Muster für ein mögliches Arbeitsergebnis der Gruppenarbeit.

VORLAGE 7b

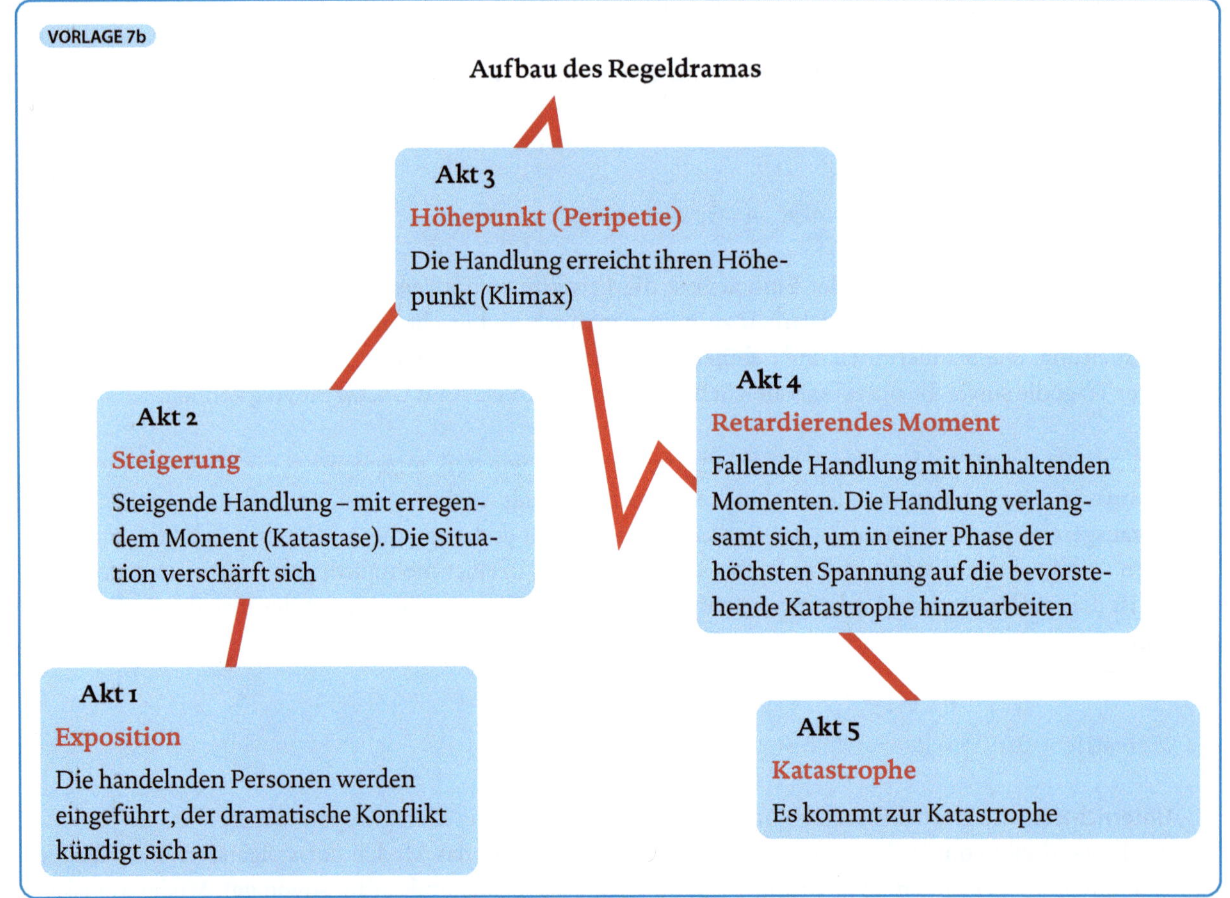

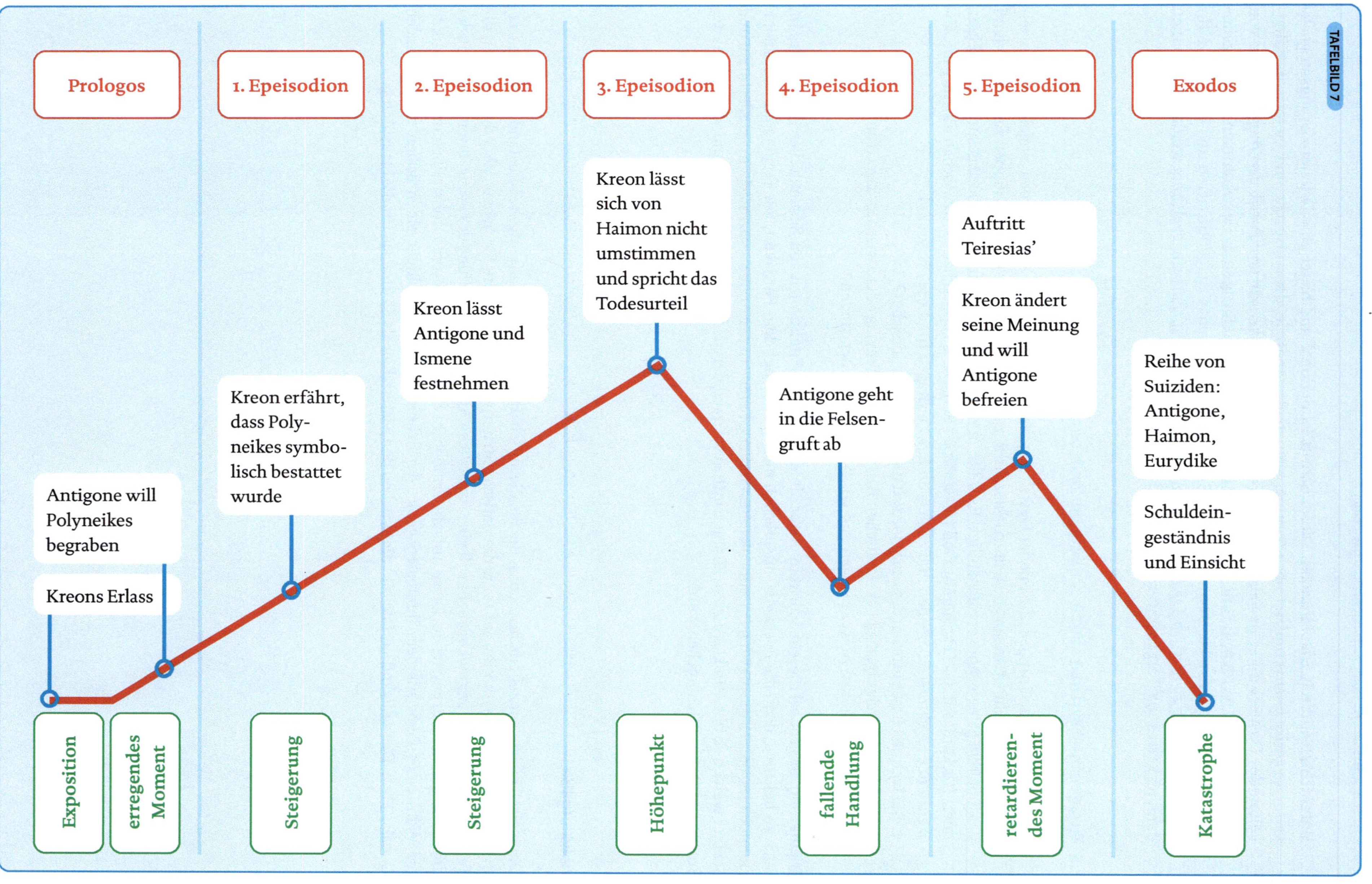

TAFELBILD 7
Prologos
1. Epeisodion
2. Epeisodion
3. Epeisodion
4. Epeisodion
5. Epeisodion
Exodos
Antigone will Polyneikes begraben
Kreons Erlass
Kreon erfährt, dass Polyneikes symbolisch bestattet wurde
Kreon lässt Antigone und Ismene festnehmen
Kreon lässt sich von Haimon nicht umstimmen und spricht das Todesurteil
Antigone geht in die Felsengruft ab
Auftritt Teiresias'
Kreon ändert seine Meinung und will Antigone befreien
Reihe von Suiziden: Antigone, Haimon, Eurydike
Schuldeingeständnis und Einsicht
Exposition
erregendes Moment
Steigerung
Steigerung
Höhepunkt
fallende Handlung
retardierendes Moment
Katastrophe

7.4 Rhetorik im Drama bei Aristoteles (fakultativ)

EA / GA

ARBEITSBLATT 7c
➤ S. 68

Unterrichtsschritt mit Erläuterungen. Dieser Schritt ist optional und bietet eine Differenzierungsmöglichkeit: Das antike Drama umfasst noch weitere, kleinere Bestandteile, die stilistische und rhetorische Fähigkeiten des Dichters unter Beweis stellen. Das ARBEITSBLATT 7c ***Rhetorik und Poetik der Tragödie*** kann von Gruppen gelesen werden, die mit Unterrichtsschritt 7.3 vor der Zeit fertig sind. Sie bekommen die dazugehörige Aufgabe, die ihnen bisher unbekannten Bestandteile des Dramas zu identifizieren und Beispiele dafür im Text ausfindig zu machen. Diese Bestandteile sollen auf dem Flipchart eingezeichnet werden und können dann im TAFELBILD 7 ergänzt werden.

7.5 Zusammenschau: Dramatische Struktur der *Antigone*

GA / UG

TAFELBILD 7
➤ S. 63
ARBEITSBLATT 1b
➤ S. 11

Unterrichtsschritt. Gruppen, die mit der Gestaltung ihres Flipcharts fertig sind, werden aufgefordert, einzelne Bestandteile im TAFELBILD 7 (Unterrichtsschritt 7.2) zu ergänzen. Wenn alle Gruppen fertig sind, wird das Tafelbild gemeinsam vervollständigt. Es sollte in dialogischer Form im Unterrichtsgespräch entstehen, unter Rückgriff auf das Lektüreprotokoll (ARBEITSBLATT 1b). Die Gruppen haben inzwischen die Aufgabe, abweichende Ergebnisse zu melden und zu begründen. Leitfragen für diese Phase sind:

1. Bei welchen Bestandteilen der *Antigone* war die Zuordnung unsicher?
2. Welche Abweichungen gibt es – zwischen Aristoteles und Freytag oder zwischen den Gruppen?
3. Wodurch entstehen Abweichungen und wie lassen sie sich begründen?

Erläuterung. Es geht bei diesem Schritt in erster Linie darum, die Funktionen von Bestandteilen des Dramas im Blick zu behalten, denn die Epeisodia entsprechen nicht unbedingt dem Fünfakter, wie Freytag ihn beschreibt. Dennoch lassen sich die meisten funktionalen Bestandteile bereits in der *Antigone* ausmachen. Schülerinnen und Schüler werden so mit dem klassischen Dramenaufbau vertraut, der im deutschsprachigen Raum vom Drama des Sturm und Drang durchbrochen wurde.

Hausaufgabe

Der weite Transfer entsteht dadurch, dass die Schülerinnen und Schüler als Hausaufgabe selbständig einen narrativen Film auswählen und ihn auf seine dramatische Struktur hin analysieren. Sie haben dabei die Aufgabe, die Termini nach Freytag anzuwenden. Es soll eine schriftliche Analyse der Handlung des Films unter Beachtung der dramatischen Struktur entstehen. Diese Aufgabe ermöglicht eine gewisse Interpretationsfreiheit und sollte durch die Wahl eines Films aus dem Interessensgebiet der Schülerinnen und Schüler einen hohen motivationalen Gehalt haben. Das vollständige Tafelbild dient neben den Materialien als Grundlage für die Hausübung.

Aristoteles und Gustav Freytag über das Drama

Aristoteles schreibt in seiner *Poetik* über die Struktur des Dramas Folgendes:

»Von den Teilen der Tragödie, die man als deren Formelemente anzusehen hat, haben wir oben gesprochen. Die Teile, die sich aus ihrer Ausdehnung ergeben, d.h. die Abschnitte, in die man sie gliedern kann, sind folgend: Prolog, Episode, Exodos und Chorpartie, die ihrerseits eine Parodos oder ein Stasimon sein kann. Diese Teile sind allen Tragödien gemeinsam, während die Solo-Arie und der Kommos Besonderheiten bestimmter Tragödien sind.

Der Prolog ist der ganze Teil der Tragödie vor dem Einzug des Chors, eine Episode ein ganzer Teil der Tragödie zwischen ganzen Chorliedern, der Exodos der ganze Teil der Tragödie nach dem letzten Chorlied. Bei den Chorpartien ist die Parodos der erste ganze Teil, den der Chor vorträgt, das Stasimon ein Chorlied ohne Anapäst und Trochäus, der Kommos ein vom Chor und vom Solosänger gemeinsam gesungenes Klagelied.«

Aristoteles: Poetik. Griech./Dt. Übers. und hrsg. von Manfred Fuhrmann. Stuttgart: Reclam, 1982 [u.ö.]. S. 37.

Gustav Freytag identifiziert in seinem 1863 erschienenen Text *Die Technik des Dramas* folgende funktionale Bestandteile, die hier fallweise auch durch andere Begriffe für dasselbe Prinzip ergänzt wurden:

»Die **Einleitung** [Exposition]. Der antike Brauch war, die Vorbedingungen der Handlung in einem Prolog mitzuteilen. [...] Da die Darstellung von Ort, Zeit, Nationalität und Lebensverhältnissen des Helden der Einleitung des Dramas zukommt, so wird diese zunächst das Umgebende kurz charakterisieren. Außerdem aber wird dem Dichter hier Gelegenheit, sowohl die eigentümliche Stimmung des Stückes wie in kurzer Ouvertüre anzudeuten, als auch das Tempo desselben, die größere Leidenschaftlichkeit oder Ruhe, mit welcher die Handlung forteilt. [...]

Das **erregende Moment**. Der Eintritt der bewegten Handlung findet an der Stelle des Dramas statt, wo in der Seele des Helden ein Gefühl oder Wollen aufsteigt, welches die Veranlassung zu der folgenden Handlung wird, oder wo das Gegenspiel den Entschluss fasst, durch seine Hebel den Helden in Bewegung zu setzen. [...]

Die **Steigerung**. Die Handlung ist in Bewegung gesetzt, die Hauptpersonen haben ihr Wesen dargelegt, das Interesse ist angeregt. In der gegebenen Richtung hebt sich Stimmung, Leidenschaft, Verwicklung. [...]

Der **Höhenpunkt** [Klimax; Peripetie] des Dramas ist die Stelle des Stückes, in welche[r] das Resultat des aufsteigenden Kampfes stark und entschieden heraustritt, er ist fast immer die Spitze einer groß ausgeführten

Szene, an welche sich die kleineren Verbindungsszenen von der Steigerung und der fallenden Handlung heranlegen. […]

»Der schwierigste Teil des Dramas ist die Szenenfolge der **fallenden Handlung** oder, wie sie wohl genannt wird, der Umkehr. […] Die Spannung muss auf das Neue erregt werden, dazu müssen neue Kräfte, vielleicht neue Rollen vorgeführt werden, an denen der Hörer erst Teilnahme gewinnen soll. […]

Das **Moment der letzten Spannung** [retardierendes Moment]. Dass die Katastrophe dem Hörer im Ganzen nicht überraschend kommen dürfe, versteht sich von selbst. Je mächtiger der Höhenpunkt herausgehoben, je heftiger der Absturz des Helden war, desto lebhafter muss das Ende vorausempfunden werden […]. Grade dann, wenn das Gewicht des unglücklichen Geschicks bereits lange und schwer auf einem Helden lastet, […] obgleich vernünftige Erwägung die innere Notwendigkeit des Untergangs recht wohl deutlich macht. In solchem Fall ist ein altes anspruchsloses Mittel des Dichters, dem Gemüt des Hörers für einige Augenblicke Aussicht auf Befriedigung zu gönnen. Dies geschieht durch eine neue kleine Spannung, dadurch, dass ein leichtes Hindernis, eine entfernte Möglichkeit glücklicher Lösung dem bereits angedeuteten Gange der Katastrophe später noch in den Weg geworfen wird. […]

Katastrophe des Dramas ist uns die Schlusshandlung, welche der antiken Bühne Exodos hieß. In ihr wird die Befangenheit der Hauptcharaktere durch eine energische Aktion aufgehoben. Je tiefer der Kampf aus ihrem innersten Leben hervorgegangen und je größer das Ziel desselben war, desto folgerichtiger wird die Vernichtung des unterliegenden Helden sein.«

Gustav Freytag: Die Technik des Dramas. Leipzig: Hirzel, 1863. S. 101 f., 105, 108, 111, 114, 116f., 118.

Handlungsbestandteile

Kreon lässt Antigone und Ismene festnehmen

Auftritt Teiresias

Antigone geht in die Felsengruft ab

Reihe von Suiziden: Antigone, Haimon, Eurydike

Schuldeingeständnis und Einsicht Kreons

Kreon erfährt, dass Polyneikes symbolisch bestattet wurde

Antigone will Polyneikes begraben

Kreons Erlass

Kreon ändert seine Meinung und will Antigone befreien

Kreon lässt sich von Haimon nicht umstimmen und spricht das Todesurteil

Rhetorik und Poetik der Tragödie

»Eine Tragödie des 5. Jh.s v. Chr. erhält die ihr eigene und von Aristoteles im 12. Kapitel seiner *Poetik* beschriebene Struktur aus dem Zusammenwirken der beiden am tragischen Spiel beteiligten Gruppen, der Schauspieler und des Chores, dessen Stärke Sophokles von zwölf auf fünfzehn Mann (Choreuten) erhöhte. Während der Chor sich aus Bürgern Athens zusammensetzte, waren die Schauspieler – vor allem in der zweiten Hälfte des 5. Jh.s – *professionals*, für die neben dem Wettkampf der Dichter ein eigener Schauspieleragon veranstaltet wurde. Die vom Chor zu Tanz gesungenen oder rezitierten Partien untergliedern eine Tragödie in mehrere große Blöcke. [...]

Es liegt auf der Hand, dass eine strikte Anwendung des aristotelischen Gliederungsschemas dem organischen Aufbau einer Tragödie Gewalt antun würde. Aristoteles betont denn auch immer wieder in der *Poetik* (besonders in Kap. 6), dass die Qualität einer Tragödie allein durch den Mythos und die Handlungskonzeption (*sýstasis tõn pragmátõn*), also die Fabel oder den *plot*, gewährleistet werde. Die Dichter versuchen, die starren Blöcke von Schauspieler- und Chorpassagen aufzubrechen. Gerade Sophokles wird von Aristoteles im 18. Kapitel der Poetik dafür gelobt, dass er den Chor eng in die Handlung eingebunden und wie einen weiteren Schauspieler eingesetzt habe. Dies erreichte der Tragiker unter anderem dadurch, dass er den Chor in Wechselgesänge mit den Schauspielern verwickelte (sogenannte *amoibaĩa* oder *kommoí*), die beiden Spielbereiche des Theaters, die Orchestra und Bühne (*skené*), in einen Dialog eintreten ließ. [...]

Zu den in jeder Tragödie präsenten Bauformen zählt der Botenbericht. In einer längeren Rede (*rhésis*) werden den Bühnenpersonen oder dem Chor hinter- oder außerszenische, vor oder während der dramatischen Handlung geschehene Ereignisse mitgeteilt, die nach den Möglichkeiten oder Konventionen des attischen Theaters nicht darstellbar sind. Die für das moderne Verständnis oftmals langatmigen Ausführungen genossen eine besondere Vorliebe beim Publikum des 5. Jh.s, da sie nach allen Mitteln der Rhetorik ausgestaltet waren und so der Begeisterung der Athener für rhetorische Glanzstücke entgegenkamen. Aischylos pflegt derartige Botenberichte vorwiegend an den Stellen im Handlungszusammenhang zu platzieren, an denen auf eine langsam aufgebaute bange Erwartung die oft bittere, schockierende Gewissheit folgt. [...]

Sophokles setzt Botenberichte vor allem in den Schlussszenen ein, um die Katastrophe zu schildern, die nach den Konventionen des griechischen Theaters nicht auf der Bühne darstellbar war: die Qualen des Herakles, der von dem mit dem Unheil bringenden Blut des Kentauren Nessos durchtränkten Gewand gemartert wird, und den Selbstmord Deianeiras in den *Trachinierinnen* (V. 749 ff., 899 ff.), in der *Antigone* (V. 1192 ff.) den Tod Antigones und ihres Verlobten Haimon, im *König Ödipus* (V. 1237 ff.) den Selbstmord Iokastes und Ödipus' Selbstblendung, im *Ödipus auf Kolonos* (V. 1586 ff.) die Entrückung des greisen Ödipus. [...]

Ausdruck der besonderen Vorliebe der athenischen Zuschauer für rhetorische Glanzstücke sind auch die zahlreichen Redewettkämpfe. In Rede und Gegenrede tragen die Antagonisten ihre unterschiedlichen Auffassungen vor, bevor sie oft zu einem heftigen verbalen Schlagabtausch Vers für Vers (Stichomythie) oder gar in Halbversen (Antilabai) übergehen.«

Bernhard Zimmermann: Erläuterungen und Dokumente. Sophokles: König Ödipus. Stuttgart: Reclam, 2003 [u. ö.]. S. 43–46.

8 Katharsis als Ziel der antiken Tragödie erfassen

Sachanalyse

Der Exodos war im Dithyrambos das Auszugslied des Chores, beim Drama ist es der Teil nach dem 5. Stasimon. In *Antigone* kumuliert in diesem Teil die Handlung, teilweise durch Botenberichte vermittelt. So beginnt der Abschnitt mit einem Boten, der zum Chor spricht, die Bewohner »von Kadmos' und Amphions Burg« (V. 1155; Letzterer ließ die Stadtmauer errichten). Der Bote will kein »Menschenleben, wie's auch stehen mag, / [...] preisen oder tadeln« (V. 1156 f.), denn das Schicksal kann jeden treffen (V. 1158 f.), setzt dann aber zu einer längeren Passage an, teilweise in Austausch mit dem Chor, die Kreon zum Mittelpunkt hat. Kreon fand der Bote »einst beneidenswert« (V. 1161) und spricht damit wohl von der Zeit, als Kreon als Bruder der Iokaste die Herrschaft über Theben innehatte. Er war ein guter Herrscher, hat die Stadt »gelenkt auf gradem Kurs« (V. 1164), doch »nun ist alles hin!« (V. 1165). Damit kündigt sich die folgende Katastrophe an: Der Bote führt einen allgemeinen Gedanken aus, der schon auf Kreons Unglück schließen lässt: Wer keine Lebensfreude mehr hat, der ist nicht mehr lebendig, sondern »eine Leich mit Seele« (V. 1167), und aller Reichtum und weltlichen Güter sind wertlos: »Tot sind sie; die leben, die sind schuld an ihrem Tod« (V. 1173). Der Bote berichtet vom Tod des Haimon, der sich in sein Schwert gestürzt hat, da taucht Eurydike, Kreons Frau und Haimons Mutter, das erste Mal in der Tragödie auf, »sei's / aus Zufall oder weil sie von dem Sohn gehört« (V. 1181 f.). Eurydike wollte zur Pallas Athene beten, als sie den Bericht des Boten hörte, dabei allerdings in Ohnmacht fiel, und ersucht ihn nun, die Vorkommnisse erneut zu rekapitulieren: »Im Leid nicht unerprobt, will ich es hören« (V. 1191). Der Bote beschließt zu Beginn des folgenden Monologs, nicht zu lügen (»Die Wahrheit ist allzeit das Richtige«, V. 1195), denn er war »Augenzeuge« (V. 1192) der Vorkommnisse und berichtet als solcher von den Geschehnissen: Er ging mit Kreon zur Leiche des Polyneikes. Dort führten sie die Bestattungsrituale durch: Sie beteten zu »Pluton« (V. 1200), also zu Hades, und zur »Wegegöttin« (V. 1199). Gemeint ist damit Hekate, die Göttin der Magie, die auch an Gräbern und Weggabelungen verehrt wurde, da ihr die Funktion einer Bewacherin des Übergangs zwischen den Welten zukommt. Nach der rituellen Waschung verbrannten Kreon und der Bote, was von Polyneikes noch übrig war, und begruben ihn (V. 1201 ff.). Sie gingen weiter zu Antigones Felsengrab, doch ein Wächter kam ihnen entgegen, um Kreon zu berichten, dass aus dem Grab »eine Stimme schrillen Klagens« (V. 1206) zu hören sei. Als Kreon dem Grab näher kam, hörte er selbst den »Unglücksschrei« (V. 1210) und erkannte, dass es sich um die Stimme seines Sohnes Haimon handelte (V. 1214). Er befahl den Dienern, darunter auch der Bote, die Gruft aufzubrechen und nachzusehen. Sie fanden Antigone, die sich erhängt hatte, bei ihr Haimon, der um sie weinte. Wiederum sieht der Bote in Kreon den Schuldigen (»des Vaters Tat«, V. 1225). Als Kreon Haimon anfleht, aus dem Felsengrab herauszukommen, »starrt« dieser ihn »mit wilden Blicken« an (V. 1231), »erwidert nichts und speit ihm ins Gesicht und zieht / sein doppelschneidig Schwert« (V. 1232 f.), doch als er Kreon damit verfehlt, stürzt er sich selbst ins Schwert, im Sterben Antigone umarmend: »So liegt er tot nun bei der Toten, hat die Hochzeitsweihn / erlangt, der Arme, in des Hades Haus« (V. 1240 f.). Der Abschluss dieses Berichts ist ein weiterer Hieb gegen Kreon, denn Haimon hat mit dieser Tat gezeigt, »wie sehr Unverstand / für einen Mann das größte Übel ist« (V. 1242 f.).

Eurydike geht auf diesen Bericht hin wortlos von der Bühne, zurück in den Palast. Bote und Chorführer versuchen dies als Akt der Trauer zu deuten, doch der Bote geht ihr beunruhigt nach. Es beginnt der zweite Kommos, denn inzwischen kommt Kreon, der den Haimon hält – tot »nicht durch anderer Schuld, wenn dies mir zu sagen erlaubt ist, / sondern weil selbst er [Kreon] gefehlt hat« (V. 1259 f.), wie der Chorführer urteilt. Kreon selbst sieht nun seinen Fehler ein: »Unsinnigen Denkens Verfehlungen, / tödlicher Starrsinn!« (V. 1261 f.) Er betrauert Haimon und erkennt, dass er falschlag (»jung [...] bist du gestorben, geschieden / durch meine Torheit, nicht deine«, V. 1266–69). Das bereits mehrmals aufgebrachte Motiv des »Lernens« wird nun erneut beschworen: »Weh, wie gar spät, scheint mir, erkennst du doch das Rechte!« (V. 1270), sagt der Chor, Kreon bestätigt: »Weh mir, / ich hab es gelernt, ich Armer!« (1271 f.) Doch das ganze Ausmaß der Katastrophe zeigt sich erst, als ein weiterer Bote aus dem Haus tritt: Auch Eurydike hat Selbstmord begangen (V. 1282 f.) und wird auf einer Bahre aus dem Palast getragen. Auf Kreons Klage folgt der Botenbericht: Eurydike tötete sich ebenfalls mit dem Schwert, sie klagte um ihre Söhne Haimon und Megareus. Letzterer war schon beim Kampf der Sieben gegen Theben umgekommen, und verfluchte Kreon, »wünschte dir zuletzt / ein schlimmes Schicksal an, dem Mörder ihrer Kinder« (V. 1304 f.). Kreon gesteht seine Schuld zur

Gänze ein und klagt: »Weh mir! Nie kann auf einen anderen Sterblichen / abgewälzt werden von mir diese Schuld! / Denn *ich* habe dich, *ich* dich getötet, o ich Unseliger! / Ja, *ich*, ich sage die Wahrheit!« (V. 1317–20) Kreon wünscht nun selbst zu sterben, doch der Chorführer ermahnt ihn: »Erbitt jetzt nichts!« (V. 1337), am eigenen Schicksal führe kein Weg vorbei. Kreon wird von den Dienern in den Palast geführt. Der Chor beschließt die Tragödie: »Weitaus erste Bedingung des Glücks / ist das vernünftige Denken; man darf die Sphäre der Götter / niemals entheiligen« (V. 1348–50). Dies ist gewissermaßen die Moral von der Geschichte: Kreons Familie ist durch seine eigene Schuld umgekommen, und er bleibt in diesem Wissen allein. Der Text bezieht klare Stellung gegen ihn und seinen Starrsinn. Während er in *König Ödipus* als gerechter Herrscher dargestellt wird, wendet sich hier das Blatt.

Kreon ist die wohl wichtigste Figur in diesem Drama, auch wenn er ihm nicht den Titel gibt. Er ist Stellvertreter des Publikums und macht für und mit ihm die Katharsis durch, die Läuterung. Der Tod seiner Angehörigen ist aus dieser Sicht notwendig, um das maximale Maß an *ẹleos* (›Mitleid/Jammern‹) und *phọbos* (›Furcht/Schaudern‹) zu verursachen, die Gefühlsregungen, die nach antiker Poetik die Katharsis auslösen.

Spätere Bearbeitungen thematisieren eher Kreons inneren Konflikt und sehen Antigone als starrsinnig und überheblich. Aus der antiken Vorlage ist dies nicht zu erkennen. Sophokles bezieht eindeutig Position für Antigone und gegen den Hochmut des Kreon.

Unterrichtsverlauf

Überblick. Diese Stunde ist, auf dem Hintergrund des Exodos der *Antigone*, dem Konzept der Katharsis und den damit verbundenen Begriffen *ẹleos* und *phọbos*, Mitleid und Furcht, gewidmet. Diese Konzepte sind wesentlich, um die Wirkung des antiken Dramas auf sein Publikum zu verstehen. Theater war in der Antike nicht Selbstzweck, sondern hatte gewissermaßen eine therapeutische Funktion zu erfüllen, indem es die »Reinigung der Affekte«, also die Katharsis, bewirkte. Die Lerngruppe wird an Aristoteles' und Freytags Texte herangeführt. In diesem Sinn ist die Stunde als Weiterführung der 7. Stunde über die Struktur des Dramas zu sehen, die untrennbar mit dem Ziel der Katharsis verbunden ist. Besonders wichtig ist der Transfer des Katharsis-Konzepts auf Textbeispiele und auf andere Medien, wie es die Hausaufgabe verlangt. Diese Konzepte werden auf *Antigone* übertragen. Durch mehrere Phasen der Partnerarbeit wird die Verständnisanbindung an Vorwissen erleichtert. **! Verkürzter Verlauf: 8.1 – 8.3 – 8.5**

Phase	Thema	Sozialform	Kompetenzen	Materialien
Voraussetzung: Lektüre der gesamten Tragödie; Kenntnis der Struktur des Dramas (7. Stunde)				
8.1	Aristoteles über Katharsis, *ẹleos* und *phọbos*	EA / PA / UG	• Textverständnis vertiefen • Grundbegriffe klären	ARBEITSBLATT 8a ➤ S. 73
8.2 **fakultativ**	Übertragung der Konzepte auf *Antigone*	EA / PA / UG	• Konzepte transformieren und anwenden	VORLAGE 8a ➤ S. 71 ARBEITSBLATT 8a ➤ S. 73
8.3	Gustav Freytag über Katharsis	EA / PA / UG	• Katharsis in ihrer Funktion als durch die Zeit wirkendes Prinzip erkennen	ARBEITSBLATT 8b ➤ S. 75
8.4 **fakultativ**	*Antigone* als ideales Mittel zur Erlangung von Katharsis	PA / EA	• Verfassen eines begründenden und überzeugenden Textes	ARBEITSBLATT 8c ➤ S. 76
8.5	Transfer: Katharsis-Erfahrung im eigenen Mediengebrauch	EA / PA	• eigene Katharsis-Erlebnisse identifizieren und reflektieren • Verinnerlichung und weiter Transfer	VORLAGE 8b ➤ S. 72
HA	Text: Katharsis-Erfahrung im eigenen Mediengebrauch			

8.1 Aristoteles über Katharsis, *ẹleos* und *phọbos*

Unterrichtsschritt. Die Lerngruppe liest zu Beginn der Einheit in Einzelarbeit das ARBEITSBLATT 8a ***Aristoteles über Mitleid und Furcht (»ẹleos« und »phọbos«)*** und erfährt damit Grundlegendes über Aristoteles' Definition von Katharsis. Die Schülerinnen und Schüler bearbeiten die zugehörigen Arbeitsaufträge erst allein und gleichen sich dann mit der Partnerin/dem Partner ab. Wichtig ist, die erste Phase der Einzelarbeit nicht zu schnell zu unterbrechen, damit die Rezeption der recht komplexen Texte gewährleistet ist. Anhand der Arbeitsaufträge werden im Unterrichtsgespräch Verständnisschwierigkeiten geklärt.

EA / PA / UG

ARBEITSBLATT 8a

➤ S. 73

Erläuterung. Die Arbeitsaufträge verfolgen in erster Linie das Ziel, zur genauen Lektüre zu animieren, damit der Text des Aristoteles verständlich wird.

8.2 Übertragung der Konzepte auf *Antigone* (fakultativ)

Unterrichtsschritt. Die Schülerinnen und Schüler bekommen VORLAGE 8a ***Leitfragen für die Diskussion*** vorgelegt und erhalten kurz Zeit, ihre Antworten mit Hilfe des soeben gelesenen ARBEITSBLATT 8a ***Aristoteles über Mitleid und Furcht (»ẹleos« und »phọbos«)*** vorzubereiten – das kann wahlweise in Einzelarbeit oder Partnerarbeit geschehen. Anschließend erfolgt die gemeinsame Beantwortung im Unterrichtsgespräch.

EA / PA / UG

VORLAGE 8a

➤ S. 71

ARBEITSBLATT 8a

➤ S. 73

Erläuterungen. Der Unterrichtsschritt verfolgt das Ziel, Aristoteles' Konzepte *ẹleos*, *phọbos* und Katharsis auf *Antigone* zu übertragen und soeben erworbenes konzeptuelles Wissen unmittelbar anzuwenden. Das ARBEITSBLATT 8a enthält Aristoteles' Texte zur Katharsis, in der er vier Möglichkeiten identifiziert, *ẹleos* und *phọbos* zu erregen. Aristoteles selbst nennt Haimons nicht durchgeführten Mord an seinem Vater Kreon als Beispiel der »schlechtesten« Möglichkeit, »daß die Person die Tat wissentlich beabsichtigt und sie dann nicht ausführt«, wenn er es auch in diesem Fall nicht negativ bewertet. Ein weiteres Beispiel: Kreon kann als einer verstanden werden, der »ohne Einsicht« Antigone verurteilt, aber »Einsicht erlangt, nachdem [er] sie [die Tat] ausgeführt hat«. Dies wiederum ruft »Erschütterung« hervor. Weitere Beispiele im Handeln Antigones und Kreons können sich finden lassen: Kreon zeigt keine Einsicht, als er den Rat Haimons und des Chors in den Wind schlägt, Antigone zeigt keine Einsicht, als sie wiederholt den Bruder symbolisch bestattet – ob sie danach Einsicht erlangt und sich aus diesem Grund umbringt, muss dahingestellt bleiben. Überhaupt sind die Labdakiden eines jener Geschlechter, die Aristoteles wohl gemeint hat. Ihr Schicksal ist umso tragischer, als es sich innerhalb ein und derselben Familie abspielt. Anhand des Exodos erkennen die Schülerinnen und Schüler, dass Kreon die größte Entwicklung im Drama durchmacht: Er erlangt am Ende Einsicht, wird geläutert – und hat doch alles verloren.

VORLAGE 8a

Leitfragen für die Diskussion

- Welche der von Aristoteles genannten vier Möglichkeiten, Mitleid und Furcht zu erregen, finden Sie in *Antigone*? Nennen Sie Beispiele, zitieren Sie die entsprechenden Textstellen und begründen Sie.
- Wer erlebt Katharsis und wodurch? Begründen Sie.

8.3 Gustav Freytag über Katharsis

Unterrichtsschritt. Die Lerngruppe liest den Text aus ARBEITSBLATT 8b ***Gustav Freytag: »Die Technik des Dramas«*** und macht sich Notizen zu den Fragen der Arbeitsaufträge. In Partnerarbeit werden anschließend die Arbeitsaufträge bearbeitet. Jedes Paar soll ein kurzes, prägnantes Statement von 3–5 Sätzen als Ergebnis verfassen. Einige dieser Ergebnisse werden im Plenum verlesen und dienen als Grundlage für ein klärendes Unterrichtsgespräch.

EA / PA / UG

ARBEITSBLATT 8b

➤ S. 75

Erläuterung. Wichtig ist, dass die Begriffe »Mitleid«, »Furcht« und »Katharsis« am Ende dieser Einheit für alle Schülerinnen und Schüler geklärt sind, da nur so die Hausaufgabe bewältigt werden kann.

8.4 *Antigone* als ideales Mittel zur Erlangung von Katharsis (fakultativ)

PA / EA

ARBEITSBLATT 8c
➤ S. 76

Unterrichtsschritt mit Erläuterungen. Dieser fakultative Unterrichtsschritt bereitet die Schülerinnen und Schüler auf den nächsten Unterrichtsschritt und die Hausaufgabe vor. Sie sollen mit Hilfe von ARBEITSBLATT 8c ***»Antigone« als ideales Mittel zur Katharsis*** einen kurzen Text verfassen und damit begründen, warum *Antigone* das ideale Mittel zur Katharsis ist. Es bietet sich an, diese Aufgabe nicht als völlig ernsthaft zu verstehen, wodurch sie eine gewisse motivationale Wirkung entfalten kann.

8.5 Transfer: Katharsis-Erfahrung im eigenen Mediengebrauch

EA / PA

VORLAGE 8b
➤ S. 72

Unterrichtsschritt mit Erläuterungen. In der späteren Hausaufgabe wird ein weiter Transfer des erworbenen Konzeptwissens über Katharsis verlangt. Vorbereitet wird diese Aufgabe in der Unterrichtsstunde, eventuell auch mündlich in Partnerarbeit, indem die Schülerinnen und Schüler anhand von VORLAGE 8b ***Katharsis im eigenen Mediengebrauch*** ein eigenes Katharsis-Erlebnis anhand eines Mediums (Film, Roman, Theaterstück, Computerspiel etc.) rekonstruieren. Diese Aufgabe ist einerseits anspruchsvoll, andererseits auch motivational ansprechend, da Schülerinnen und Schüler ihre eigenen Erlebnisse einbringen können. Es bietet sich an, einige der entstandenen Texte in der nächsten Einheit auf freiwilliger Basis verlesen zu lassen. Die VORLAGE 8b kann auch als Arbeitsblatt ausgeteilt werden.

VORLAGE 8b

Katharsis im eigenen Mediengebrauch

Übertragen Sie das Konzept der Katharsis auf ein Produkt der Popkultur: Bei welchem Medienkonsum hatten Sie einmal ein Gefühl, das sich – im weitesten Sinne – als kathartisch beschreiben lässt? Dies kann ein Film, Roman, Theaterstück, Computerspiel etc. sein. (Für Aristoteles und Freytag ist Katharsis nur mit narrativen Medien möglich – aber vielleicht sehen Sie das anders?)

Stellen Sie dieses Medienprodukt vor:
1. Wer sind die Figuren, wie verläuft die Handlung?
2. Wie werden die Emotionen der Zuseherinnen und Zuseher angesprochen?
3. Welche Momente von Furcht oder Mitleid gibt es?
4. Wie werden diese dargestellt?
5. Wodurch entsteht das Gefühl von Katharsis?

Verfassen Sie auf Basis dieser Fragen erste Notizen und schreiben Sie anschließend einen Text, in dem sie das Medium in Hinblick auf *ẹleos*, *phọbos* und Katharsis analysieren.

Hausaufgabe

Die Schülerinnen und Schüler formulieren die Analyse zum Katharsis-Konzept im ausgewählten Medium aus.

ARBEITSBLATT 8a (Seite 1 von 2)

Aristoteles über Mitleid und Furcht (*ẹleos* und *phọbos*)

»Die Tragödie ist die Nachahmung einer guten und in sich geschlossenen Handlung von bestimmter Größe, in anziehend geformter Sprache, wobei diese formenden Mittel in den einzelnen Abschnitten je verschieden angewandt werden – Nachahmung von Handelnden und nicht durch Bericht, die Jammer [*ẹleos*] und Schaudern [*phọbos*] hervorruft und hierdurch eine Reinigung [*kạtharsis*] von derartigen Erregungszuständen bewirkt.«

Aristoteles: Poetik. Griech./Dt. Übers. und hrsg. von Manfred Fuhrmann. Stuttgart: Reclam, 1982 [u. ö.]. S. 19.

Dieser Satz bot lange Schwierigkeiten in der Übersetzung, die bis heute das Verständnis der Katharsis beeinflussen:

»Was Aristoteles über die Form [der Tragödie] und ihre gesonderten Teile sagt, bezieht sich auf die von den griechischen Tragikern praktizierte Gliederung der Szenen in ritualisierte Bestandteile wie Chorlieder, Wechselgesänge usw. und hat nichts mit der Struktur des Tragischen zu tun. Für diese sind die Begriffe Mitleid, Furcht und Reinigung von Bedeutung, die im Griechischen *ẹleos*, *phọbos* und *kạtharsis* heißen. Man hat jahrhundertelang darüber gestritten, was sie bedeuten und wie sie genau zu übersetzen sind. Die Deutung der ersten beiden Begriffe hängt wesentlich davon ab, wie man den letzten versteht. Die letzten beiden Worte des Aristotelischen Satzes können sowohl ›Reinigung der Affekte‹ (genitivus objectivus) als auch ›Reinigung von den Affekten‹ (genitivus separativus [im Deutschen genitivus subjectivus]) bedeuten. Bei beiden Übersetzungen unterstellte man Aristoteles bis ins 19. Jahrhundert hinein eine moralisierende Absicht. Entweder habe er die ›Verwandlung der Leidenschaft in tugendhafte Fertigkeiten‹ (Lessing) gemeint oder die Erziehung zu einer stoischen Leidenschaftslosigkeit. Erst um die Mitte des 19. Jahrhunderts wies der Altphilologe Jakob Bernays nach, dass Katharsis für Aristoteles eine medizinische Bedeutung hatte. Nicht Veredlung der Gefühle, sondern Abfuhr und Entladung eines der Gesundheit abträglichen Affektstaus war damit gemeint.«

Hans-Dieter Gelfert: Wie interpretiert man ein Drama? Stuttgart: Reclam, 2005 [u. ö.]. S. 36.

Aristoteles stellt gewisse Ansprüche an die Darstellung des Geschehens, um zur Katharsis zu kommen:

»Nun kann das Schauderhafte und Jammervolle durch die Inszenierung, es kann aber auch durch die Zusammenfügung der Geschehnisse selbst bedingt sein, was das Bessere ist und den besseren Dichter zeigt. Denn die Handlung muß so zusammengefügt sein, daß jemand, der nur hört und nicht auch sieht, wie die Geschehnisse sich vollziehen, bei den Vorfällen Schaudern und Jammern empfindet. So ergeht es jemandem, der die Geschichte von Ödipus hört. Diese Wirkungen durch die Inszenierung herbeizuführen, liegt eher außerhalb der Kunst und ist eine Frage des Aufwandes. […]

Sooft sich aber das schwere Leid innerhalb von Naheverhältnissen ereignet (z. B. : ein Bruder steht gegen den Bruder oder ein Sohn gegen den Vater oder eine Mutter gegen den Sohn oder ein Sohn gegen die Mutter; der eine tötet den anderen oder beabsichtigt, ihn zu töten, oder tut ihm etwas anderes derartiges an) – nach diesen Fällen muß man Ausschau halten. […]

Unter diesen Möglichkeiten ist die, daß die Person die Tat wissentlich beabsichtigt und sie dann nicht ausführt, die schlechteste. Denn darin ist zwar etwas Abscheuliches enthalten, jedoch nichts Tragisches; es tritt nämlich kein schweres Leid ein. Daher verfaßt niemand eine derartige Dichtung, es sei denn ausnahmsweise […]. An zweiter Stelle steht der Fall, in dem die Person die Tat auch ausführt. Noch besser ist der Fall, daß die Person die Tat ohne Einsicht ausführt und Einsicht erlangt, nachdem sie sie ausgeführt hat. Denn die Tat hat nichts Abscheuliches an sich, und die Wiedererkennung ruft Erschütterung hervor. Das Beste ist die letzte Möglichkeit, z. B.: Im ›Kresphontes‹ beabsichtigt Merope, ihren Sohn zu töten, sie tötet ihn jedoch nicht, sondern erkennt ihn wieder, und in der ›Iphigenie‹ verhält sich die Schwester dem Bruder gegenüber ebenso, und in der ›Helle‹ beabsichtigt der Sohn, die Mutter an Feinde auszuliefern, und erkennt sie zuvor noch wieder.

Aus diesem Grunde befassen sich die Tragödien, wie oben gesagt, nur mit wenigen Geschlechtern. Denn die Dichter gingen auf die Suche, und es gelang ihnen – nicht durch Kunst, sondern zufällig –, in den überlieferten Geschichten von derartigen Möglichkeiten Gebrauch zu machen. Und so sind sie denn gezwungen, sich nur noch mit den Geschlechtern zu befassen, denen derartige schwere Fälle von Leid zugestoßen sind.«

Aristoteles: Poetik. Griech./Dt. Übers. und hrsg. von Manfred Fuhrmann. Stuttgart: Reclam, 1982 [u. ö.]. S. 41–47.

Arbeitsaufträge:

1. Welche zwei Bedeutungen von Katharsis gibt es und worin unterscheiden sie sich?
2. Halten Sie in eigenen Worten die vier Möglichkeiten fest, die Aristoteles nennt, um Furcht und Mitleid zu erregen.
3. In welchen dieser Möglichkeiten sieht Aristoteles die beste und wie begründet er dies?

ARBEITSBLATT 8b

Gustav Freytag: *Die Technik des Dramas*

»Ausführlich erklärt er [Aristoteles] an anderer Stelle (Rhetorik II, 8), was Mitleid sei und wodurch dasselbe erregt werde. Mitleid erregend ist ihm das ganze Gebiet menschlicher Leiden, Zustände und Handlungen, deren Beobachtung das hervorbringt, was wir Rührung und Erschütterung nennen. Das Wort Katharsis aber, welches als ein Ausdruck der alten Heilkunde die Ableitung von Krankheitsstoffen, als Ausdruck des Kultus [Götterdienstes] die durch Sühnung hervorgebrachte Befreiung des Menschen von Befleckendem bezeichnete, ist ein offenbar von ihm geschaffener Kunstausdruck für die spezifische Wirkung der Tragödie auf die Hörer. Diese besonderen Wirkungen, welche der scharfsinnige Beobachter an seinen Zeitgenossen wahrnahm, sind nicht mehr ganz dieselben, welche die Aufführung eines großen dramatischen Kunstwerks auf unsere Zuschauer ausübt, aber sie sind ihnen nahe verwandt, und es lohnt, den Unterschied zu beachten.

Wer je an sich selbst die Wirkungen einer Tragödie beobachtet hat, der muss mit Erstaunen bemerken, wie die Rührung und Erschütterung, welche durch die Bewegung der Charaktere verursacht wird, verbunden mit der mächtigen Spannung, welche der Zusammenhang der Handlung hervorbringt, das Nervenleben affizieren [ergreifen]. Weit leichter als im wirklichen Leben rollt die Träne, zuckt der Mund; dieser Schmerz ist aber zugleich mit kräftigem Wohlbehagen verbunden, während der Hörer Gedanken, Leiden und Schicksale der Helden mit einer Lebendigkeit nachempfindet, als ob sie seine eigenen wären, hat er mitten in der heftigsten Erregung die Empfindung einer souveränen Freiheit, welche ihn zugleich hoch über die Ereignisse heraushebt, durch welche seine Rezeptionsfähigkeit vollständig in Anspruch genommen scheint. Er wird nach dem Fallen des Vorhangs trotz der starken Anstrengung, in welche er durch Stunden versetzt war, eine Steigerung seiner Lebenskraft wahrnehmen, das Auge leuchtet, der Schritt ist elastisch, jede Bewegung fest und frei. Auf die Erschütterung ist ein Gefühl von freudiger Sicherheit gefolgt, in den Empfindungen der nächsten Stunde ist ein edler Aufschwung, in seiner Wortfügung nachdrückliche Kraft, die gesamte eigene Produktion ist ihm gesteigert. Der Glanz großer Anschauungen und starker Gefühle, der in seine Seele gezogen, liegt wie eine Verklärung auf seinem Wesen. Diese merkwürdige Ergriffenheit von Leib und Seele, das Herausheben aus den Stimmungen des Tages, das freie Wohlgefühl nach großen Aufregungen ist genau das, was bei dem modernen Drama der Katharsis des Aristoteles entspricht. Es ist kein Zweifel, dass solche Folge szenischer Aufführungen bei den fein organisierten [veranlagten] Hellenen nach einer zehnstündigen Anspannung durch die stärksten Wirkungen gesteigerter und auffallender zu Tage kam.«

Gustav Freytag: Die Technik des Dramas. Leipzig: Hirzel, 1863. S. 76–78.

Arbeitsaufträge:

Lesen Sie den Text und machen Sie sich Notizen zu den folgenden Fragen. Gleichen Sie Ihr Textverständnis mit einer Partnerin / einem Partner ab und verfassen Sie gemeinsam erklärende Statements von 3–5 Sätzen zu beiden Fragen:

1. Mit welchen Eigenschaften beschreibt Freytag die Katharsis?
2. Wie verhält sich Freytags Begriff der Katharsis zu dem von Aristoteles? Worin bestehen Gemeinsamkeiten und Unterschiede?

ARBEITSBLATT 8c

Antigone als ideales Mittel zur Katharsis

Empfehlen Sie *Antigone* als kathartisches Stück. Überlegen Sie die drei stärksten Argumente im Austausch mit ihrer Partnerin / Ihrem Partner und verfassen Sie im Anschluss einen Text. Wählen Sie selbst eines der folgenden Medien, in dem er erscheinen soll, und passen Sie Ihren Text daran an. Beachten Sie auch die Textsorte und die Zielgruppe.

1. Schreiben Sie für eine Tages- oder Wochenzeitung? Wenn ja, für welche? Schreiben Sie einen Kommentar, eine Reportage, eine Rezension …?
2. Schreiben Sie für eine Online-Plattform? Für welche? Was müssen Sie dabei beachten?
3. Schreiben Sie ein Skript für ein Youtube-Video? Worum geht es in Ihrem Kanal? Was möchten Sie den Zuseherinnen und Zusehern vermitteln?

Diese drei Argumente sprechen dafür, *Antigone* als ideale kathartische Erfahrung zu nutzen:

1. ______________________________

2. ______________________________

3. ______________________________

Mein Text:

9 Widerstand gegen den Staat als Thema der *Antigone* erfassen und Stellung beziehen

Sachanalyse

Ein Thema der *Antigone*, das bereits im Prologos sichtbar wird, ist der Widerstand gegen die Staatsgewalt in der Person Kreons. Immer wieder wird dieses Thema in modernen Inszenierungen aufgegriffen, es ist wohl das, was dieses Stück zeitlos macht: die Frage, wie Einzelne Widerstand gegen eine Regierung leisten können. Diese Thematik verbindet *Antigone* mit einem viel neueren Text, der zur Inspiration für gewaltlosen Widerstand gegen den Staat von Mahatma Gandhi bis Martin Luther King wurde: *Über die Pflicht zum Ungehorsam gegen den Staat* von Henry David Thoreau (1817–1862). Der in Concord (Massachusetts) geborene Thoreau ist für seine essayistischen Werke bekannt, die Dieter Schulz in zwei Stränge unterteilt: »zum einen die Kritik an Staat, Politik und Gesellschaft, zum anderen die intensive Hinwendung zur Natur. Sie hängen insofern zusammen, als für Thoreau ein Leben im Einklang mit der Natur den Schlüssel zur Behebung sozialer Missstände darstellte. In den sozialkritischen Essays ragt die Verurteilung der Sklaverei heraus.«[1] Am bekanntesten ist neben *Über die Pflicht zum Ungehorsam gegen den Staat* (1849) der autobiografische Essayzyklus *Walden oder Leben in den Wäldern* (1854).

Thoreau wurde zu seinem Werk *Über die Pflicht zum Ungehorsam gegen den Staat* durch einen Gefängnisaufenthalt inspiriert: Wie Klaus Ensslen berichtet, hatte sich Thoreau aus Protest gegen den Krieg der US-amerikanischen Regierung mit Mexiko und gegen die Sklaverei geweigert, Steuern zu bezahlen, und wurde dafür festgenommen. Eine Verwandte konnte vermitteln, so dass Thoreau nach einer Nacht wieder entlassen wurde. Diese Erfahrung aber regte ihn zum genannten Essay an. Gekennzeichnet ist der Text von starkem Misstrauen gegen die Staatsgewalt (bis heute in der US-amerikanischen Mentalität bestimmend). Für Thoreau »[trägt] jede Regierung – auch eine von der Mehrheit gewählte – die Gefahr des Missbrauchs und der Perversion von Macht in sich [...], und [...] ihre Integrität [hängt] allein von dem Verantwortungsgefühl und der inneren Aufrichtigkeit des einzelnen Bürgers ab[...]«. Unbestreitbar ist die bedeutende Rolle, die Thoreau jedem Einzelnen zukommen lässt. Diese Betonung des Individualismus kann auch kritisch hinterfragt werden, denn Thoreau erläutert nicht, »wie die Grenze zwischen gerechtfertigtem Widerstand und bodenloser Anarchie bestimmt werden kann«. Insofern ist *Über die Pflicht zum Ungehorsam gegen den Staat* als Zeitdokument zu deuten, mit dem Thoreau seinen Widerstand gegen die imperialistischen Ziele der US-Regierung ausdrückte, die alles einem Fortschrittsglauben unterwarf, denen er jedoch keinen philosophisch fundierten Gegenentwurf entgegensetzte.[2]

Vor diesem Hintergrund wird die Verbindung zwischen Thoreau und *Antigone* schnell klar: Letztere handelt entgegen dem gültigen Recht, aber im Einklang mit ihren persönlichen moralischen Vorstellungen oder dem, was Thoreau als »Gewissen« fasst. Sie sieht ihre Pflicht nicht im Gehorsam gegenüber dem Gesetz, sondern eben im Ungehorsam gegen ein ungerechtes Gesetz, das immer nur ein von Menschen erlassenes ist und als solches nicht höher steht als das der Götter. Auch wenn Sophokles keinen Zweifel daran lässt, wer im Recht und wer im Unrecht ist, so wirft *Antigone* doch – ähnlich wie Thoreaus Essay – Fragen über das Handeln gegen die gesetzliche Norm auf.

1 Dieter Schulz, »Henry David Thoreau – ›Das essayistische Werk‹«, in: *Kindlers Literatur Lexikon*, hrsg. von Heinz Ludwig Arnold, Stuttgart/Weimar [3]2009, zit. nach: *Kindlers Literatur Lexikon Online – Aktualisierungsdatenbank*, www.kll-online.de (Stand: 20.2.2019).

2 Vgl. Klaus Ensslen, »Henry David Thoreau – ›Resistance to Civil Government‹«, in: *Kindlers Literatur Lexikon*, hrsg. von Heinz Ludwig Arnold, Stuttgart/Weimar [3]2009, zit. nach: *Kindlers Literatur Lexikon Online – Aktualisierungsdatenbank*, www.kll-online.de (Stand: 20.2.2019).

Unterrichtsverlauf

Überblick. In Zuge dieses Unterrichtsverlaufs soll die Lerngruppe das Thema »Widerstand gegen die Staatsgewalt«, eines der zentralen Themen der *Antigone*, erarbeiten. Dies geschieht anhand Henry David Thoreaus *Über die Pflicht zum Ungehorsam gegen den Staat.* Der Einstieg erfolgt über eine kurze Vorstellung des Dichters, die den Kontext für die folgenden Textauszüge liefert. Die Schülerinnen und Schüler erarbeiten diese anhand von Leitfragen und sammeln im Anschluss Pro- und Kontra-Argumente dazu, um eine eigene Position zu entwickeln. In der Schule oder als Hausaufgabe soll diese in der Form einer literarischen Erörterung unter Einbezug von *Antigone* in einen Text gegossen werden. Dies dient zugleich der Ergebnissicherung. Wissen über *Antigone* kann einbezogen werden, soll aber erst bei der Hausaufgabe verpflichtender Bestandteil sein. ! **Verkürzter Verlauf: 9.1 – 9.2 – 9.3 – 9.5**

Phase	Thema	Sozialform	Kompetenzen	Material
Voraussetzung: Lektüre des gesamten Dramas				
9.1	Thoreau als Denker kennenlernen	EA	• Kontextwissen erwerben	ARBEITSBLATT 9a ➤ S. 81
9.2	*Über die Pflicht zum Ungehorsam gegen den Staat* erarbeiten	EA / PA / UG	• Einen komplexen Sachtext durchdringen	ARBEITSBLATT 9b ➤ S. 82
9.3	Pro- und Kontra-Argumente zu Thoreau sammeln	GA	• Positionen anderer abwägen	ARBEITSBLATT 9c ➤ S. 83
9.4 fakultativ	Eine Position zu Thoreaus Ideen entwickeln	EA / GA	• Ideen reflektieren • Position beziehen	VORLAGE 9a ➤ S. 79
9.5 / HA	Stellung beziehen: Thoreaus Ideen in Bezug auf *Antigone* erörtern	EA	• Textgebundenes Argumentieren üben	VORLAGE 9b ➤ S. 80

9.1 Thoreau als Denker kennenlernen

EA

ARBEITSBLATT 9a ➤ S. 81

Unterrichtsschritt mit Erläuterungen. Die Lerngruppe liest in Einzelarbeit ARBEITSBLATT 9a ***Henry David Thoreau***, das in das Leben und Denken von Henry David Thoreau einführt. Dies bildet den Einstieg und die Basis für den Unterrichtsverlauf. Verständnisfragen können im Plenum geklärt werden, es sollte aber schnell zum nächsten Unterrichtsschritt übergegangen werden.

9.2 *Über die Pflicht zum Ungehorsam gegen den Staat* erarbeiten

EA / PA / UG

ARBEITSBLATT 9b ➤ S. 82

Unterrichtsschritt. In Einzelarbeit bearbeitet die Lerngruppe ARBEITSBLATT 9b ***Henry David Thoreau: »Über die Pflicht zum Ungehorsam gegen den Staat«***. Nach dieser Einzelarbeitsphase tauschen sich die Schülerinnen und Schüler in Partnerarbeit aus, um ihr Textverständnis abzugleichen. Eine kurze Nachbesprechung im Unterrichtsgespräch kann letzte Unklarheiten beseitigen.

Erläuterung. Diese Auszüge umfassen die leicht gekürzten ersten drei Seiten des rund 30 Seiten langen Essays von Thoreau. Er legt darin die Grundzüge seiner Überzeugungen dar: dass ein Staat keine Regierung braucht, sondern auf den Gewissen der Einzelnen aufgebaut sein sollte. Die Bearbeitung des Textes dient als Grundlage für den weiteren Unterrichtsverlauf, weswegen ihr genügend Zeit eingeräumt werden sollte. Der Text ist zwar kurz, aber erfordert Aufmerksamkeit beim Lesen. Durch die Beantwortung von drei Leitfragen soll die Durchdringung des Textes erleichtert werden.

9.3 Pro- und Kontra-Argumente zu Thoreau sammeln

Unterrichtsschritt. Die Schülerinnen und Schüler finden sich in Gruppen von vier bis fünf Personen zusammen und bearbeiten gemeinsam das ARBEITSBLATT 9c ***Pro und kontra Henry David Thoreaus Bild der Regierung***. Gefragt sind hierbei nicht nur Argumente, die sich aus dem Text und *Antigone* erschließen lassen, sondern auch eigene Überlegungen. Die Argumente sollen noch nicht gewichtet werden, dies ist Bestandteil der Hausaufgabe.

GA

ARBEITSBLATT 9c

➤ S. 83

Erläuterung. Als Argumente für Thoreaus Idee, die Regierung abzuschaffen, können z. B. gelten: Einzelne müssen mehr Verantwortung übernehmen und setzen sich stärker mit politischen Themen auseinander, die Gefahr korrupter Regierungen wird verringert, Thoreau spricht sich für Gewaltlosigkeit aus, die Rechte aller Bürgerinnen und Bürger sollen Gehör finden. Dagegen könnte die Lerngruppe z. B. halten, dass dies auf nationaler Ebene kaum umsetzbar scheint, dass dennoch die Interessen der Mehrheit überwiegen könnten, dass das »Gewissen« nicht unabhängig von Eigeninteresse ist u. Ä.

9.4 Eine Position zu Thoreaus Ideen entwickeln (fakultativ)

Unterrichtsschritt. Die Schülerinnen und Schüler versuchen nun zuerst, in Einzelarbeit eine eigene Position in Abwägung der gesammelten Argumente zu Thoreau zu entwickeln. *Antigone* kann, muss aber dabei nicht einbezogen werden. In Einzelarbeit wird diese Position nach Überlegungen zu einem kurzen Statement verschriftlicht (siehe VORLAGE 9a ***Eine Position zu Thoreaus Ideen entwickeln***). Die Gruppenmitglieder präsentieren einander diese Statements mündlich und tauschen sich anschließend darüber aus. Die Pro-/Kontra-Liste kann in dieser Phase erweitert werden.

EA / GA

VORLAGE 9a

➤ S. 79

VORLAGE 9a

Eine Position zu Thoreaus Ideen entwickeln

Überlegen Sie, welche Position Sie zu den gesammelten Argumenten für/gegen Thoreau einnehmen. Fassen Sie diese Position in ein mündliches Statement von ca. 10 Zeilen zusammen – gern in Form von Stichworten.

Alle Gruppenmitglieder präsentieren im Anschluss ihrer Gruppe ihre Position. Die Gruppe kann anschließend:

- Rückfragen stellen (Verständnisfragen oder inhaltliche Nachfragen);
- Widersprüche feststellen oder formulieren, wenn es unterschiedliche Meinungen in der Gruppe gibt;
- zusammenfassen und paraphrasieren;
- nach Beispielen fragen;
- unterschiedliche Positionen vergleichen;
- usw.

Sammeln Sie neue Einsichten in Ihrer Pro-/Kontra-Liste.

Erläuterung. Die anderen Gruppenmitglieder hören den Präsentationen zu und machen sich Notizen, stellen aber noch keine Rückfragen. Erst wenn alle Gruppenmitglieder ihr Statement präsentiert haben, folgt eine Phase des Austauschs.

9.5 Stellung beziehen: Thoreaus Ideen in Bezug auf *Antigone* erörtern

Unterrichtsschritt. Die Schülerinnen und Schüler erörtern anhand der VORLAGE 9b ***Thoreaus Ideen in Bezug auf »Antigone« erörtern*** den Text auf Basis von Thoreau. Diese Aufgabe kann im Unterricht, besser aber als Hausaufgabe gegeben werden; dann sollte die VORLAGE 9b als Kopie ausgeteilt werden.

EA

VORLAGE 9b

➤ S. 80

Erläuterung. Dies ist eine anspruchsvolle Aufgabe, die sich zur Klausurvorbereitung eignet. Gefragt ist eine literarische Erörterung, die einerseits auf Thoreau aufbaut, andererseits auch *Antigone* einbezieht. Die Schülerinnen und Schüler sollen erkennen, dass Antigones Verhalten mit Thoreaus Ansichten vereinbar ist. Auf komplexerer Ebene sollen sie auch erkennen, dass Thoreaus Überzeugungen auch Gefahren bergen und nicht jeder Mensch so handeln könnte. Entscheidend ist nicht nur die Menge der Argumente, sondern auch deren Gewichtung.

VORLAGE 9b

Thoreaus Ideen in Bezug auf *Antigone* erörtern

Thoreau schreibt:

> »Meiner Meinung nach sollten wir erst Menschen sein und dann Untertanen. Wir pflegen so sehr den Respekt vor dem Gesetz; pflegen wir lieber den Respekt vor dem Recht. Die einzige Pflicht, die ich übernehmen darf, ist die, stets zu tun, was mir recht erscheint.«

Henry David Thoreau: Ziviler Ungehorsam. Übers. von Ulrich Bossier. Stuttgart: Reclam, [2]2013. S. 10.

Erörtern Sie, inwiefern dies auf Antigones Verhalten zutrifft. Rekapitulieren Sie Antigones Handlungen im Drama. Wägen Sie Pro und Kontra ab und beziehen Sie dabei Ihr Wissen über das Drama sowie die Ansichten Thoreaus mit ein. Überlegen Sie, welche Konsequenzen diese Ideen für die Gesellschaft hätten. Sie können dafür ARBEITSBLATT 9b und ARBEITSBLATT 9c zu Hilfe nehmen.

ARBEITSBLATT 9a

Henry David Thoreau

Henry David Thoreau, Daguerreotypie, 1856

Henry David Thoreau wurde 1817 in Concord (Massachusetts, USA) geboren. Sein Vater war Bleistiftfabrikant. Thoreau hatte sein Leben lang keinen festen Beruf und verdiente nach seinem Studium in Harvard sein Geld als Lehrer, Bleistiftmacher und Landvermesser.

Thoreau wird sowohl als Dichter als auch als Philosoph gesehen. Er war außerdem das, was man heute einen Ökologen nennen würde, er beschäftigte sich mit der Natur und las nicht nur Philosophen, sondern auch die wichtigsten Naturwissenschaftler seiner Zeit. Für Thoreau war Philosophie nichts Abstraktes, das man vom Schreibtisch aus tut, sondern etwas völlig Praktisches. Er war der Meinung, dass man nicht darüber nachdenken könne, wie ein »gutes Leben« aussieht, sondern dass man es nur leben könne. Dies hat Thoreau auch getan, indem er zwei Jahre lang (1845–47) in einer selbstgebauten Blockhütte am Walden Pond zurückgezogen lebte, mit dem Ziel, sich selbst zu versorgen und über sein Leben zu reflektieren. Dahinter steht auch sein Verständnis, Körper und Geist als Einheit zu sehen. Seine Erfahrung mündete im Text *Walden oder Leben in den Wäldern* (1854), der bis heute auf der ganzen Welt gelesen wird.[1]

Thoreau war aber nicht nur Naturphilosoph und Essayist, sondern auch Pionier einer radikalen politischen Philosophie: Thoreau lebte in den Nordstaaten, wo Sklaverei verboten war, sah aber, wie die Nordstaaten trotzdem von den günstigen Ressourcen der Südstaaten profitierten, die durch Sklavenarbeit hergestellt wurden. Die USA wollten außerdem ihr Gebiet in Richtung Mexiko – heute v. a. die US-amerikanischen Bundesstaaten Texas und New Mexico – ausdehnen und trieben dafür von den Bürgern Steuern ein. Thoreau weigerte sich, seinen Anteil zu bezahlen, und musste als Strafe eine Nacht im Gefängnis verbringen (Juli 1846). Aus dieser Erfahrung entstand *Über die Pflicht zum Ungehorsam gegen den Staat* (1849).[2]

Replik von Thoreaus Hütte bei Walden Pond. – CC BY-SA 3.0/ RhythmicQuietude

1 Vgl. Rick Anthony Furtak, »Henry David Thoreau«, *The Stanford Encyclopedia of Philosophy* (Spring 2019 Edition), hrsg. von Edward N. Zalta, plato.stanford.edu/archives/spr2019/entries/thoreau (Stand: 20. 2. 2019).

2 Vgl. Klaus Ensslen, »Henry David Thoreau – ›Resistance to Civil Government‹«, in: *Kindlers Literatur Lexikon*, hrsg. von Heinz Ludwig Arnold, Stuttgart/Weimar [3]2009, zit. nach: *Kindlers Literatur Lexikon Online – Aktualisierungsdatenbank*, www.kll-online.de (Stand: 20. 2. 2019).

Henry David Thoreau: *Über die Pflicht zum Ungehorsam gegen den Staat*

»Die beste Regierung ist jene, die am wenigsten regiert«* – diesem Leitspruch stimme ich aus vollem Herzen zu, und ich wünschte, es würde rascher und zielstrebiger nach ihm gehandelt. Zu Ende gedacht, läuft er hinaus auf: »Die beste Regierung ist jene, die gar nicht regiert«, und auch dies glaube ich. Wenn die Menschen irgendwann einmal hierfür bereit sind, werden sie eine solche Regierung haben. Eine Regierung ist bestenfalls ein nützliches Hilfsmittel; aber die meisten Regierungen sind vorwiegend – und alle Regierungen sind manchmal – unnütz. Die Einwände gegen ein stehendes Heer – es gibt ihrer viele und gewichtige, und sie sollten obsiegen – gelten letztlich auch gegen eine ständige Regierung. Das stehende Heer ist ja nur der verlängerte Arm der ständigen Regierung. Die Regierung selbst ist eigentlich ja nur der Modus, den das Volk gewählt hat, um seinen Willen auszuführen, aber sie läßt sich eben auch leicht missbrauchen und irreleiten, noch ehe das Volk sie in seinem Sinne zum Einsatz bringen kann. Nehmen wir etwa den gegenwärtigen Krieg in Mexiko. Ihn hat eine vergleichsweise geringe Zahl von Leuten begonnen, die dazu die Regierung als Werkzeug benutzten; das Volk hätte dieser Maßnahme, wäre es vorher gefragt worden, nicht zugestimmt.

Die amerikanische Regierung: Was ist sie anderes als eine Tradition – eine recht junge erst, doch immerhin –, die sich unbedingt ohne Machteinbuße der Nachwelt überliefern will, dabei aber jeden Augenblick ein Stück ihrer Glaubwürdigkeit verliert? Sie besitzt ja nicht einmal die Vitalität und Energie eines einzelnen Menschen. Ein einzelner Mensch kann sie sich nach seinem Willen zurechtbiegen. [...] Hat das Volk einmal die Macht, darf eine Mehrheit bestimmen, und zwar eine ganze Weile. Und dies in erster Linie nicht etwa, weil die Mehrheit am ehesten das Recht auf ihrer Seite hätte, und auch nicht, weil die Minderheit deren Herrschaft für einigermaßen fair hielte; nein, der eigentliche Grund, dass sie es darf, ist ihre physische Überlegenheit. Aber eine Regierung, bei der die Mehrheit in jedem Fall den Ausschlag gibt, kann keine Regierung der Gerechtigkeit sein, wie weit man diesen Begriff auch immer fassen mag. Ließe sich keine Regierung denken, in der gleichsam nicht die Mehrheit über Falsch und Richtig befindet, sondern das Gewissen? – in der die Mehrheit lediglich über solche Belange entscheidet, für die das Gebot der Nützlichkeit gilt? Muss der Bürger sein Gewissen an den Gesetzgeber abtreten, und sei es nur ein ganz klein wenig, nur für einen Augenblick? Wenn ja – wozu hätte dann jeder Mensch ein Gewissen? Meiner Meinung nach sollten wir erst Menschen sein und dann Untertanen. Wir pflegen so sehr den Respekt vor dem Gesetz; pflegen wir lieber den Respekt vor dem Recht. Die einzige Pflicht, die ich übernehmen darf, ist die, stets zu tun, was mir recht erscheint. Nun wurde oft gesagt, und es stimmt ja auch, dass ein Kollektiv kein Gewissen habe; aber ein Kollektiv aus gewissenstreuen Menschen wäre eben ein Kollektiv mit Gewissen. Das Gesetz hat die Menschen um keinen Deut gerechter gemacht; im Gegenteil, der Respekt vor ihm wandelt selbst die Wohlgesonnenen täglich in Handlanger des Unrechts.

Henry David Thoreau: Ziviler Ungehorsam. Aus dem amerik. Englisch übers. von Ulrich Bossier. Stuttgart: Reclam, [2]2013. S. 7 f., 9–11.

* Krieg zwischen den USA und Mexiko 1846–48, v. a. um den späteren US-Bundesstaat Texas.

Arbeitsaufträge:

Beantworten Sie die folgenden Fragen in Stichworten und markieren Sie die entsprechenden Textstellen. Diskutieren Sie die Fragen im Anschluss mit einer Partnerin / einem Partner:

1. Welches Bild von Regierung hat Thoreau?
2. Warum hält Thoreau eine Regierung für unnötig?
3. Was versteht Thoreau unter Gewissen?

ARBEITSBLATT 9c

Pro und kontra Henry David Thoreaus Bild der Regierung

Was spricht für H. D. Thoreaus Idee, eine Regierung abzuschaffen und Menschen nach ihrem Gewissen handeln zu lassen? Sammeln Sie Argumente für beide Seiten. Sie können sich auch auf ARBEITSBLATT 9b sowie auf das Drama *Antigone* beziehen und eigene Überlegungen einfließen lassen.

»Die beste Regierung ist die, die am wenigsten regiert«?	
Pro	**Kontra**

10 Klausurvorschläge mit Lösungshinweisen

10.1 Analyse und Interpretation

Klausuraufgabe

Lesen Sie den folgenden Textauszug.

1. Analysieren Sie den Gesprächsverlauf und das Verhältnis der Figuren zueinander. Ordnen Sie diese Stelle in die Gesamthandlung der Tragödie ein und lassen Sie Ihr Wissen über die Struktur des Dramas einfließen.
2. Erschließen und interpretieren Sie die vorliegende Passage in Bezug auf die Gesamthandlung und beachten Sie dabei, welche unterschiedlichen Positionen an dieser Stelle aufeinandertreffen.

Antigone, Reclam XL, V. 441–455; 480–525:

KREON. *Zu Antigone.*
He du, die du das Haupt zu Boden senkst:
Gestehst du oder leugnest du die Tat?
ANTIGONE.
Ja, ich gesteh die Tat und streite sie nicht ab.
KREON. *Zum Wächter.*
Du scher dich fort von hier, wohin du willst,
entlastet von dem schweren Vorwurf, frei!
Der Wächter eilt weg.
Du aber sage mir nicht lang und breit, nein, kurz und bündig:
Hast du gewusst, dass ausgerufen war, dies nicht zu tun?
ANTIGONE.
Ich wusste es! Wie sollt ich nicht? Es war ja öffentlich bekannt.
KREON.
Und wagtest dennoch, dies Gesetz zu übertreten?
ANTIGONE.
Es war ja Zeus nicht, der mir dies verkündet hat,
noch sie, die mitwohnt bei den untern Göttern, Dike,
hat bei den Menschen je solch ein Gesetz bestimmt.
Auch glaubt ich nicht, dass das von dir Erlassne
so große Macht besäße, dass, wer sterblich ist, der Götter ungeschriebne
und ewig gültige Gesetze könnte setzen außer Kraft
[…].
KREON. […]
Doch diese da verstand nur allzu gut sich zu erdreisten,
schon als erlassenes Gesetz sie übertrat;
und nach der Tat war dies die zweite Dreistigkeit:
Dass sie sich dessen rühmt und lacht, dass sie's getan.
Da wär wahrhaftig ich kein Mann, sie wär der Mann,
wenn man ihr straflos hingehn ließe diese Übermacht.
Nein, sei sie meiner Schwester Kind, sei blutsverwandter mir
als jeder, den der Hausbeschützer Zeus beschirmt:
Sie wie die Schwester werden beide nicht entgehn
dem schlimmsten Los; denn auch die andre klag ich an,
dass sie in gleicher Weise dieses Grab hat mitgeplant.

So ruft sie her! Denn eben noch sah ich sie drinnen
wie außer sich und nicht mehr mächtig ihrer Sinne.
Es pflegt das Herz im voraus schon ertappt zu werden als geheimer Täter,
wenn man im Finstern listig lauter Unrecht spinnt.
Doch hass ich auch, wenn man, bei schlimmer Tat
ertappt, dann diese auch noch schönen will.

ANTIGONE.
Willst du noch Ärgres, als mich töten, da du mich gefasst?

KREON.
Ich weiter nichts! Denn hab ich dies, so hab ich alles!

ANTIGONE.
Was also zögerst du? Da mir an deinen Worten
gar nichts gefällt und nie gefallen möge,
so muss gewiss auch dir mein Handeln widerstreben.
Und doch, wie hätt ich rühmlicheren Ruhm
gewonnen, als dass ich den eignen Bruder beigesetzt
im Grab? Dass die hier alle dies für gut befinden,
dürft ich wohl sagen, schlösse Furcht nicht ihren Mund.
Allein, die Ein-Mann-Herrschaft ist mit vielem glückgesegnet,
und ihr steht's zu, zu tun, zu sagen, was sie will!

KREON.
Nur du allein von Thebens Bürgern siehst das so.

ANTIGONE.
Auch diese sehn's, doch kneifen sie vor dir den Mund.

KREON.
Du aber schämst dich nicht, dass du so anders denkst als sie?

ANTIGONE.
Es ist kein Schimpf, zu ehren, die uns blutsverwandt.

KREON.
War gleichen Blutes nicht auch er, der mit ihm kämpfend fiel?

ANTIGONE.
Des gleichen Bluts: von einer Mutter und vom selben Vater.

KREON. Was schenkst du dem dann einen Liebesdienst, der jenen kränkt?

ANTIGONE.
Nie wird der Tote drunten dies bezeugen!

KREON.
Wenn du ihn gleich ehrst wie den Gottmissachter?

ANTIGONE.
Kein Sklave, nein, der Bruder war's, der umgekommen.

KREON.
Er wollte dieses Land verheeren, aber der trat für es ein.

ANTIGONE.
Und gleichwohl fordert Hades diese Bräuche.

KREON.
Doch hat dazu das größre Recht der Gute als der Schlechte.

ANTIGONE.
Wer weiß, ob drunten solche Sicht für heilig gilt?

KREON.
Gewiss wird nie der Feind, auch nicht im Tod, zum Freund!

ANTIGONE.
Gewiss nicht, um den Feind zu hassen, nein, den Freund zu lieben, lebe ich!

KREON.
So geh hinunter, wenn geliebt sein muss, und liebe
die dort! Doch meiner Lebtag wird kein Weib regieren!

Lösungshinweise

Die folgenden Aspekte können Teil der Analyse und Interpretation sein:

- In diesem Textausschnitt trifft Kreon auf Antigone, die auf frischer Tat dabei ertappt wurde, wie sie Polyneikes symbolisch bestattete.
- Kreon erläutert im Monolog, dass er sich nicht von Antigone beugen lässt, er konstatiert ihr zwei »Dreistigkeit[en]«: den Übertritt seines Erlasses und dass sie sich dieser Tat rühmt.
- Die Sprache ist, wie im gesamten Drama, melodisch und die Syntax ist stellenweise der Rhythmik untergeordnet, was das Verständnis erschwert.
- Kreon und Antigone verfolgen sehr direkte, angriffige Gesprächsstrategien.
- Pronomina ohne klaren Bezug erfordern die Aufmerksamkeit der Leserinnen und Leser, z. B.: »War gleichen Blutes nicht auch er, der mit ihm kämpfend fiel?«
- Die Verse 491 f. beziehen sich auf Ismene.
- Auf die Analyse der Textstelle folgt die Interpretation.
- Antigone vertritt das göttliche Recht und will Polyneikes die Bestattungsriten zukommen lassen, obwohl er die Stadt Theben angegriffen hat, denn: »gleichwohl fordert Hades diese Bräuche«.
- Kreon beharrt auf seinem Erlass, er möchte Antigone bestrafen wie jeden anderen im Stadtstaat (»Nein, sei sie meiner Schwester Kind, sei blutsverwandter mir / als jeder, den der Hausbeschützer Zeus beschirmt: / Sie wie die Schwester werden beide nicht entgehn / dem schlimmsten Los«).
- Kreon klagt Ismene mit an, auch wenn sie nicht bei Polyneikes' Bestattung ertappt wurde.
- Der Dialog spitzt sich in der Stichomythie zu, der einzeiligen Gegenrede.
- Die Positionen der Figuren ändern sich im Laufe des Dialogs nicht.
- Einer gewissen Erinnerungsleistung bedarf es zu erkennen, dass es sich um eine Passage aus dem 2. Epeisodion handelt, die kurz vor dem Höhepunkt des Dramas eintritt (also vor der Peripetie).
- Für Antigone ist ihre Tat eine Heldentat, für die sie den Tod nicht nur in Kauf nimmt, sondern ihn sogar als ruhmreich erachtet.
- Es treffen an dieser Stelle zwei miteinander unvereinbare Prinzipien aufeinander: Antigone, die den Bruder rechtmäßig bestatten will, und Kreon, der das Wohlergehen Thebens über alles stellt und aus diesem Grund Polyneikes bei Strafe nicht bestatten lässt. Kreon besteht auf seinem Herrschaftsanspruch und missbraucht diese Macht auch.
- Auch die Interpretation, dass Kreon seine Macht zu Kopfe steigt, er also der »Ein-Mann-Herrsch[er]« ist, als den ihn Antigone bezeichnet, ist zulässig.
- Hierfür spricht, dass Kreon die Thebaner nicht befragt – ihr Schweigen, erwähnt von Antigone, nimmt er als Zustimmung.
- Kreon vertritt also nicht unbedingt das Volk, sondern seine eigene Position. Dass er im Interesse der Stadt handle, könnte auch ein vorgeschobenes Argument sein, auch diese Interpretation ist zulässig.
- Für Antigone wird sich erst im Jenseits weisen, wer richtig gehandelt hat, Kreon oder sie.
- Beide Positionen lassen sich nicht miteinander vereinbaren. Nur die Gnade Kreons könnte die Situation noch retten, doch er wird bis zum Schluss nicht einlenken.

Vgl. ergänzend dazu auch die Hinweise von Kurt Steinmann in: *Antigone*, Reclam XL, Anhang 6.7, S. 106–108.

10.2 Textgebundenes Argumentieren

Klausuraufgabe

1. In *Antigone* spielt das Thema Schuld eine Rolle. Warum? Erläutern und analysieren Sie den Textauszug von Marion Giebel.
2. Erschließen Sie, welche Begriffe von Schuld in *Antigone* zum Tragen kommen und beziehen Sie eines oder mehrere der beigefügten Zitate aus dem Text darauf. Erörtern Sie, wer an der Tragödie schuld ist: Antigone oder Kreon? Wer vertritt welche Ideale? Wägen Sie Argumente für beide Seiten ab.

Marion Giebel:

»Für Sophokles entwickelt sich das Schicksal aus dem Wesen des Menschen. Er stellt in Ödipus die große Persönlichkeit dar, den Klugen, Selbstsicheren, der das Rätsel der Sphinx gelöst hat und sich anmaßt, der Erfüllung des Orakelspruchs entgehen zu können. ›Ungeheuer ist viel und nichts ungeheurer als der Mensch‹, heißt es in dem berühmten Chorlied aus der *Antigone.* Gerade durch seine großgeartete Natur neigt der Mensch dazu, die Grenzen zu überschreiten, die ihm als einem Sterblichen von der Gottheit gesetzt sind. Er verletzt die göttlichen Ordnungen und zieht sich seinen Untergang zu, nicht so sehr durch eine persönliche, moralisch anrechenbare Schuld, als vielmehr durch ein Verfehlen des Götterwillens infolge mangelnder Einsicht. Dieses Verfehlen kann auf Verblendung beruhen, auf einer Scheinsicherheit, es kann aber auch in bester Absicht erfolgen, ja es scheint oft geradezu unvermeidbar und damit tragisch. Auch Menschen, die sich keiner Verfehlung schuldig gemacht haben, müssen leiden, weil ihr Schicksal, ohne daß sie es wissen, Teil eines göttlichen Planes ist. Aus dem Verfehlen des Götterwillens oder seiner Unerkennbarkeit ergibt sich die Tragik bei Sophokles.«

Marion Giebel: Erläuterungen und Dokumente. Sophokles: Antigone.
Stuttgart: Reclam, 1992 [u.ö.]. S. 30.

Zitate aus *Antigone*:

ISMENE.
Getan hab ich die Tat, wenn sie es tat: ich geb es zu
und habe teil daran und trage mit die Schuld.
ANTIGONE.
Doch wird dir Dike dies nicht zugestehn:
Du wolltest nicht, und ich bezog dich nicht mit ein.

V. 536–539

TEIRESIAS.
Dies nun, mein Sohn, bedenke! Denn den Menschen
insgesamt gemeinsam ist das In-die-Irre-Gehen.
Wenn einer aber in die Irre ging, ist der nicht länger
ein gedankenloser oder glückverlassner Mann, der, falls ins Unglück
er sich stürzte, Heilung sucht und sich nicht unbeugsam verhält.
Nur Starrsinn macht des Unverstands sich schuldig.
Drum gib dem Toten nach und stich nicht weiter ein
auf den, der umgekommen! Welche Heldentat, den Toten nochmals töten!

V. 1023–30

CHOR.

Welch neues Leid des Königshauses bringst du uns?

BOTE.

Tot sind sie; die leben, die sind schuld an ihrem Tod.

V. 1172 f.

CHORFÜHRER.

Doch da naht der Gebieter selbst,
hält in den Armen ein Mal mit deutlichen Zeichen,
nicht durch anderer Schuld, wenn dies mir zu sagen erlaubt ist,
sondern weil selbst er gefehlt hat.

V. 1257–1260

Lösungshinweise

Eine literarische Erörterung kann die folgenden Aspekte berücksichtigen:

- Giebel erläutert das antike Verständnis von Schuld: Wie das Chorlied besagt: »nichts [ist] ungeheurer als der Mensch«; und daraus erklärt sich die Fähigkeit des Menschen zum Guten wie zum Schlechten.
- Giebel sieht in der Missachtung des Götterwillens weniger eine persönliche Schuld als vielmehr fehlendes Wissen oder fehlende Einsicht eines Menschen. Daraus entsteht die Tragik bei Sophokles.
- In den vier Textstellen werden zumindest drei unterschiedliche Auffassungen von Schuld deutlich:
- Ismene hat keine Schuld auf sich geladen, will sie aber annehmen, um Antigone Loyalität zu erweisen. Man könnte auch argumentieren, dass ihre Schuld, zwar nicht vor Kreon, aber vor dem Publikum, im genauen Gegenteil besteht, nämlich darin, Antigone nicht geholfen zu haben.
- Gleichzeitig spricht diese Loyalität auch für Ismene und steht im Kontrast zu Antigones radikalem Charakter.
- Teiresias' Auftritt stellt das retardierende Moment im Drama dar.
- Für Teiresias stellt die fehlende Einsicht, wie es Giebel nennt, in sich noch keine Schuld dar, »[d]enn den Menschen / insgesamt gemeinsam ist das In-die-Irre-Gehen«. Die Schuld entsteht, wenn jemand immer weiter in die Irre geht und trotz anderslautender Beratungen nicht umkehrt. »Nur Starrsinn macht des Unverstands sich schuldig.« Dies ist bei Kreon der Fall.
- Teiresias bringt Kreon zur Einsicht, doch diese ist zu spät.
- In den Passagen des Chors bzw. Chorführers wird dies explizit deutlich: Als moralischer Kompass des Stücks verurteilt der Chor eindeutig Kreon und sieht die Schuld bei ihm. Er hat also eindeutig gefehlt und leidet nicht schuldlos.
- Für eine Schuld Kreons spricht eben dies: Er ist starr und unbeweglich, handelt unter Umständen aus Machtgefühlen und nicht im Interesse der Stadt, denn seine Entscheidung, Polyneikes nicht zu bestatten, verstößt gegen die göttlichen Gesetze, und dies kann nicht im Interesse der Götter sein. Gleichzeitig ist seine Position in mancherlei Hinsicht verständlich, so will er keine Sonderbehandlung für seine Verwandten.
- Für Antigones Schuld spricht zwar nur Weniges direkt, dennoch kann auch ihr Starrsinn vorgeworfen werden. Sie weiß um die Folgen ihrer Taten. Auch ihr Selbstmord kann kritisch gesehen werden. Eine gemäßigtere Position, die mit Kreon zu verhandeln versucht hätte, hätte den Lauf der Geschichte ändern können. Antigone zeichnet sich aber auch durch diese Radikalität aus und hat für das antike Verständnis keine Schuld vor den Göttern auf sich geladen.

Lösungshinweise zu ARBEITSBLATT 1b (➤ S. 11) (Seite 1 von 2)

Lektüreprotokoll zu Sophokles: *Antigone*

Zeit: *Tag nach dem Angriff Polyneikes' auf Theben, Beginn vor dem Morgengrauen*

Ort: *vor dem thebanischen Palast*

Handlung in einem Satz: *Antigone bestattet ihren Bruder Polyneikes, verstößt damit gegen König Kreons Erlass und wird zum Tode verurteilt; erst scheitern alle Versuche, Kreon umzustimmen, bis der Seher Teiresias ihn überzeugt, doch es ist zu spät, und Kreons gesamte Familie hat Selbstmord begangen.*

Abschnitt	**Handlung in einem Satz**	**Konfliktparteien** (Wer vertritt was?)		
Prologos (V. 1–99)	*Antigone will ihren Bruder Polyneikes verbotenerweise bestatten, ihre Schwester Ismene weigert sich aber.*	***Antigone*** *Bestattung des Bruders* *göttliches Recht* *Widerstand*	*vs.*	***Ismene*** *Kreons Erlass* *menschliches Recht* *Angepasstheit*
1. Epeisodion (V. 162–331)	*Wächter berichtet Kreon, dass sein Verbot bereits missachtet und Polyneikes symbolisch bestattet wurde. Kreon verdächtigt den Wächter, der wiederum muss den Täter finden, um seinen Ruf zu wahren.*	***Kreon*** *Staatsinteresse* *Staatsgewalt*	*vs.*	***Wächter*** *Eigeninteresse* *drohende Strafe*
2. Epeisodion (V. 376–581)	*Der Wächter bringt Antigone, die ein weiteres Mal versucht hat, Polyneikes zu bestatten. Kreon beschließt, sie zu bestrafen.*	***Kreon*** *menschliches Recht* *verabscheut Polyneikes*	*vs.*	***Antigone*** *göttliches Recht* *Stolz auf ihre Tat*
3. Epeisodion (V. 626–780)	*Haimon setzt sich für Antigone ein und versucht, Kreon umzustimmen, dieser aber lässt Antigone in einer Felsengruft einsperren, damit sie dort verhungert.*	***Kreon*** *Alleinherrscher* *Hass*	*vs.*	***Haimon*** *Stimme der Bürger* *Liebe*
4. Epeisodion (V. 801–943)	*Antigone beklagt im »Kommos« ihr Schicksal, jung und unverheiratet in den Tod gehen zu müssen. Kreon lässt sie zur Felsengruft abführen.*	***Antigone*** *Jugend* *Trauer* *Unterwelt*	*vs.*	***Kreon*** *Erwachsen/etabliert* *Schuldlosigkeit* *Oberwelt*

Lösungshinweise zu ARBEITSBLATT 1b (➤ S. 11) (Seite 2 von 2)

Abschnitt	Handlung in einem Satz	Konfliktparteien (Wer vertritt was?)		
5. Epeisodion (V. 988–1114)	*Teiresias will, dass Kreon Polyneikes begräbt, denn die Götter nehmen die Opfer nicht an. Kreon entschließt sich, diesem Rat zu folgen und will Polyneikes begraben und Antigone befreien.*	***Kreon*** *König* *Weltlichkeit* *Starrsinn* *Einsicht*	***vs.***	***Teiresias*** *Berater* *Götterwelt* *Götterwunsch* *Sehertum*
Exodos (V. 1155–1353)	*Kreon begräbt Polyneikes und will Antigone freilassen, doch es ist zu spät: Sie hat sich erhängt, auch Haimon begeht Selbstmord. Königin Eurydike nimmt sich in Trauer darüber das Leben. Kreon bleibt allein und beklagt sein Schicksal.*	***Kreon*** *Hochmut* *Egoismus* *zu späte Einsicht*		

Lösungshinweise zu ARBEITSBLATT 2b (> S. 17)

Verschiedene Mythen-Nacherzählungen kennenlernen und die Art der Darstellung reflektieren

Variante	Notizen: • WIE wird erzählt? • Grad der Verständlichkeit? • Angemessenheit der Darstellung? • Informationsgehalt?
Nacherzählung 1: Gustav Schwab: *Sagen des klassischen Altertums*, Kapitel 79: *Der Sturm auf die Stadt*; ARBEITSBLATT 2a	• *Sprachlich elaboriert, verschachtelte Sätze* • *Keine direkte Rede* • *Einstieg mitten im Geschehen* • *Nur Auswahl an Figuren* • *Wenig Hintergrundinformation zu Figuren* • *Konzeptionell schriftlich gehalten, nicht auf mündlichen Vortrag ausgerichtet* • *Eher trockene Darstellung* • *Darstellung ist dem Inhalt angemessen*
Nacherzählung 2: Michael Köhlmeier: *Sieben gegen Theben*, www.br.de/fernsehen/ard-alpha/sendungen/mythen/mythen-sagen-altertum136.htm (Stand: 14.10.2019); ARBEITSBLATT 2c 	• *Mündlicher gehalten, eher nacherzählend* • *Viel direkte Rede* • *Viel Hintergrundinformation (zu den Figuren, zur Handlung), ausführliche Vorgeschichte* • *Teilweise sehr ausführlich* • *Steht stilistisch zwischen Schwab und Sommer*
Nacherzählung 3: *Sommers Weltliteratur to go – Antigone*, sommers-weltliteratur.de/antigone (auch auf: youtu.be/1BimFa6qRz4, Stand 14.10.2019) 	• *»Lässige«/flapsige Art der Nacherzählung* • *Viele Kommentare und Bewertungen des Erzählers* • *Stark mündlich* • *Witze und kleine Pointen zum Unterhalten eingebettet* • *Auch Vorgeschichte der Figuren (reduziert) dargestellt* • *Nicht immer der Höhe des Themas angemessen* • *Informationsgehalt auf der Ebene der Figurenkonstellation und Handlung hoch, auf der Ebene der motivischen Durchdringung weniger* • *WIE und WARUM wird wenig dargestellt*

Lösungshinweise zu ARBEITSBLATT 4c (➤ S. 37)

Lösungshinweise zu ARBEITSBLATT 6b (➤ S. 54)

- *Vielnamiger* (V. 1115)
- *Kleinod und Stolz* (V. 1115)
- *Spross* (V. 1117)
- *Du* (V. 1117)
- *Bakcheus* (V. 1121)
- *Du* (V. 1122)
- *Dich* (V. 1126)
- *Dich* (V. 1131)
- *Du* (V. 1134)
- *Du* (V. 1137)
- *[Der feuersprühenden Sterne] Reigenführer* (V. 1147)
- *[Nächtlicher Jubelrufe] Wächter* (V. 1148)
- *Zeus' Spross* (V. 1149)
- *Herr* (V. 1150)
- *Dich* (V. 1151)
- *Dich* (V. 1152)
- *Meister* (V. 1152)
- *Iakchos* (V. 1152)

Lösungshinweise zu ARBEITSBLATT 6c (➤ S. 57)

Deutungshypothese	Trifft zu auf: A = *Antigone* H = *Herrgottsjodler* B = Beide K = Keines der beiden
Der Gott / das höhere Wesen erscheint nicht.	**B**
Die Sprecher fordern Dankbarkeit gegenüber Gott / den Göttern.	**H**
Die Sprecher loben den Angesprochenen.	**B**
Ob die Hoffnung in Erfüllung geht, ist für die Sprecher relevant.	**A**
Der Angesprochene ist für die Sprecher stets erreichbar und hört zu.	**H**
Der Angesprochene ist potentiell zu sehen.	**A**
Ob es den Angesprochenen gibt, ist irrelevant. Der *Glaube* an die Existenz ist relevant.	**H**
Der Gott kann in den Verlauf des Geschehens eingreifen.	**B**
Die Geschichte des Gottes wird rekapituliert.	**A**
Der Gott antwortet den Sprechern.	**K**
Es handelt sich um Vielgottglauben.	**A**